주역, 삶에 미학을 입히다

『주역』에세이집

주역,
삶에 미학을
입히다

한중철학회

종이와
나무

발간사

이 에세이집은 한중철학회 회원들의 진솔한 삶을 녹여 넣은 하나의 그릇입니다. 공자(孔子)가 수제자인 자공(子貢)을 평가할 때, '호련(瑚璉)'이라 했듯이, 여기에 담은 19편의 글은 호련처럼 고귀합니다. 세상 사람들에게 의미를 부여할 수 있는, 인생미학(人生美學)이 담긴 글 모음입니다. 그래서 더욱 정겨운 마음이 듭니다.

에세이(essay)는 흔히 수필(隨筆)이라고 합니다. 그러다보니 수필을 글자 그대로 '붓 가는대로 쓴 글'이라고 명명하고 맙니다. 하지만 이 에세이집은 단순하게 붓 가는대로만 쓴 글이 아닙니다. 그 이상의 통찰력을 갖추고 삶을 진지하게 마주한 필력이 느껴집니다.

『주역』의 뜻을 담고, 삶을 담금질하며, 세상과 어울리려고 한, 학인(學人)들의 희로애락(喜怒哀樂)이 용융(熔融)되어 있습니다. 이에 '『주역』 공부 에세이집'이라 별칭(別稱)하고 싶습니다.

기꺼이 에세이를 써 주신 여러 회원님께 고마움을 전합니다.

　아울러 본 에세이집을 기획하고 정돈해 준, 한중철학회 강독위원장 이종란 박사님께 감사의 말씀을 전합니다.

　앞으로도 학자들의 이러한 에세이집이 지속적으로 출간되어, 많은 사람들과 소통하며 삶의 온기를 나눌 수 있는 마당이 되기를 고대합니다.

　수시변역(隨時變易)! 지시식변(知時識變)! 인생무구(人生無咎)!

　감사합니다.

2019. 12.

한중철학회 회장 신창호

차 례

제1부
주역공부와 그 응용

어떤 대화

이승희

용갑과 재을은 고향 친구이다. 각자의 삶에 바쁘다보니 잘 만나지 못하고 지냈다. 더구나 최근 10년 동안은 서로의 소문만 들었을 뿐 대면할 기회조차 없었다. 이번에 오랜만에 우연찮게 만나 공부 이야기를 시작으로 회포를 풀었다.

> **용갑**   너무 오랜만이네. 건강해 보이는구먼. 그 동안 어떻게 지냈나?
>
> **재을**   강원도에서 농사지은 지 10년이 넘었다네.
>
> **용갑**   농사짓기 힘들지 않은가?
>
> **재을**   힘들지 않을 리가 있겠나? 게다가 이 나이가 되니까 몸이 힘들어. 농사를 접고 서울 가서 식구들하고 합쳐야 되겠어. 그나저나 자네는 여태 무얼 하고 지내는가?
>
> **용갑**   나는 벌써 현역 은퇴하고 요즘은 주역 공부에 재미

를 붙이고 살고 있다네.

재을 　자네도 이젠 돗자리 펼 때가 된 모양이로군.

용갑 　허허! 자네 말고도 그렇게 말하는 사람이 더러 있지. 그런데 말이지 주역을 공부해보니 점은 빙산의 일각이고, 이 세상에 따로 없는 별천지가 장엄하게 펼쳐지는 거야. '주역전의대전'이라는 책을 가지고 공부하는데 자그마치 2,600여 쪽이나 되는 방대한 분량이지. 벌써 8년 넘게 읽고 있어. 이게 인간론과 자연·우주론을 다 아우르는 철학책이란 말일세. 어쩌면 동양철학의 진수랄 수도 있지.

재을 　공부한다는 게 그렇게 혼자 죽치고 앉아서 읽어 간단 말인가?

용갑 　무슨 말씀을 그렇게 하시는가? 혼자서는 도저히 읽을 수 없어. 글이 어렵기도 하거니와 작심삼일 되기 십상이지. '한중철학회'라는 학회가 있다네. 매주 금요일 오후에 모여서 공부하는 모임인데, 회원들이 순번제로 준비해 와서 발표하고 토론을 벌이지.

재을 　그 얘길 들으니 벌써부터 머리가 지끈거리네. 자네는 미국 가서 공부도 하고 외국에서 근무도 해서 일찍부터 서양물을 먹은 걸로 알고 있는데, 늦은 나이에 새삼 골치 아픈 주역을 한다고 하니 의아한 생각이 절로 드는구먼.

용갑 그래 맞아. 80년대 초엔 미국에서 경제학으로 석사를 했지. 그리고 90년대 초엔 프랑스에 가서 3년 넘게 근무하면서 프랑스어도 할 만큼 했어. 그런데 쉰 살 때 문득 대구 향교에 나가면서 한문의 길에 들어선 거야. 대구 근무할 때였지.

재을 문득? 아무 이유도 없이?

용갑 알 수 없지만 또한 거부할 수 없는 어떤 끌림에 이끌린 것이라고 밖에 별다른 이유는 없어. 그러나 한편 이런 생각도 들어. 호남 일대에서 이름 있는 유학자이셨던 나의 외조부의 혼이 은연중에 나를 일깨우신 것은 아닐까 하는 그런 생각. 또 한편으로는 나이가 어느 정도 들면서 연어가 모천을 찾듯 나의 유전자에 새겨진 한문이라는 본원으로 회귀하게 된 것이 아닐까하는 생각도 드는 거지.

재을 자네 생각이 그렇다면 수긍이 되네. 그런데 주역 책 배우겠다고 모여드는 사람은 많은가?

용갑 전체 회원 수는 많지만 대충 20여 명의 회원들이 매주 금요일마다 모여 든다네. 오후 세 시가 되면 경건하게 착석을 하고 진지하게 발표하고 활발하게 토론을 전개하지. 가끔은 격한 논쟁도 벌이곤 하지. 그럴 땐 강독실의 분위기가 후끈 달아오르기도 하고. 강독실의 풍경이 사뭇 흥미진진하다네.

재을 나오는 회원이 꽤 많아 보이는데 대체 어떤 사람들
인지 궁금하구먼.

용갑 내로라하는 한문과 철학을 비롯한 동아시아의 전통
과 관련된 학자들과 주역 전공의 학자는 물론 각 분
야의 전문가들이 형형색색 포진해 화려한 면모를
보여주지. 또 노(老)·장(長)·청(靑)이 어울려 서로
배우고 가르치는 공간이기도 하다네.

재을 그럼 자네는 이 길로 죽 가겠네 그려.

용갑 처음에 나는 거대한 산맥 속에 난 조그만 오솔길에
들어섰다고 생각했는데, 지금은 어느새 드넓은 주
역의 바다에서 허우적대고 있는 나의 모습을 본다
네. 그런데 요즘은 부쩍 이런 생각이 들어. 미지에
대한 도전과 탐험, 그리고 그에 따른 보람과 희열이
이만한 게 없다고, 나의 후반기 삶의 동반자로 이만
한 게 없다고, 내 삶을 밝혀주는 등불로 이만한 게
없다고. 게다가 나의 외조부께서 걸어가신 길의 초
입이나마 더듬어 보고 싶은 것이 나의 간절한 바람
이라네.

재을 자네 마음에 공감이 가네. 나도 어느덧 한문을 접하
고 싶은 마음이 솔깃이 드는 것 같아. 어차피 농사일
접고 서울로 올라올 예정이니까 그 동네에 입문할
생각을 진지하게 고민해봐야겠네.

용갑 그리 하면 좋겠지. 안내가 필요하다면 내가 좀 거들어 주겠네. 건강하게나. 건강해야 공부도 할 수 있고 책도 눈에 들어올 테니까.

재을 자네도 건강하게나. 그럼 또 보세.

나의 주역 첫 스승

이난숙

2019년 추석이다. 예전 같으면 추석 전에 부모님 산소에 먼저 성묘를 하고, 추석날 차례를 올렸다. 이번 추석에는 13호 태풍 링링 때문에 할 수 없이 일정을 바꿨다. 태풍 링링은 학당(學堂) 지란지실(芝蘭之室)을 운영하던 작은 건물의 뒷마당까지 휘몰아쳤다. 아카시아 몇 그루와 여린 잡목들과 키 작은 엉성한 나무들이 휘어 꺾이고 쓰러졌다. 떨어진 나뭇잎과 수북이 자란 풀들은 이리저리 나뒹굴었다. 지란지실은 내가 대학원을 가기 전부터 여러 친구와 함께 유불도 관련 경전을 강독하면서 동양고전과 관련된 인문 아카데미를 만들어 시민들과 토론하던 곳이다. 안타깝게 쓰러져 휜 나무들을 제부가 인부를 불러서 베었다. 살리긴 어려웠다. 여러 일정 때문에 추석 연휴에 다시 마구 흩어져 있는 나뭇가지들과 웃자란 잡풀까지 친구와 함께 말끔히 청소하기로 했다. 성묘는 추석 다음 날로 미루었다.

추석 다음 날, 남동생 가족과 춘천 근교의 공원묘원에서 만나기로 했다. 강촌과 멀지 않은 덕두원에 종중의 산과 가족묘원이 있는데, 어머니 돌아가시기 전에 "엄마. 만일 돌아가시면 어디로 모셔야 하나?" 하니, 엄마는 "종중 묘원 말고 근처의 공원묘원이 좋다."고 하셨다.

'혹 시집살이를 심하게 당하셨나?' 더 묻지 않았다.

65세의 나이로 가녀린 용모의 착하기만 했던 어머니는 세상을 떠나 하늘로 가셨다. 갑작스레 뇌출혈로 유언도 남기지 못하시고 아직 창창한 나이에 먼저 세상을 뜨신 엄마의 의견대로 아버지는 공원묘원에서 눈물어린 장례식을 치르셨다. 그곳이 강촌에 있는 경춘공원 묘원이다.

참으로 묘하다! 동생 가족은 인천에서 출발하고, 나는 춘천에서 출발했다. 만남은 경춘공원 묘원이다. 추석 연휴인지라 만날 시간을 특정할 수 없었다. 동생이 출발 시각에 내게 연락하였다. 누구든 먼저 도착한 쪽이 바람을 쐬고 있으면 될 터. 묘원을 들어가는 긴 입구의 길에서 앞을 보니 바로 앞차가 동생의 차다. 묘하다. 잠시 안도하며 하늘을 바라본다. 날씨가 참으로 청명하다. 바람은 또 어찌나 맑고 싱그러운지. 늦은 성묘객이 우리만은 아닌 듯 묘원을 올라가는 길이 붐빈다. 교통 전문가답지 않은 묘원 직원들이 교통정리를 돕느라 분주하다. 속도가 느리다.

왼손으로 그 펜을 감싸듯 잡고서 꾹꾹 눌러 글을 쓰셨다. 그렇지 않으면 글씨도 쓸 수 없고 펜도 놓치기 때문이다. 이렇게 애쓰며 글을 써도 나중에 본 글씨는 사시나무 떨듯 흔들린 글씨뿐이다. 아! 두뇌가 명석한 분께 이런 형벌이라니, 아쉬웠다. 글쓰기가 이처럼 어려우니, 제자들은 강의나 말씀을 녹음해서 스승님의 주역 책들을 편집하였다. 그분의 책은 거의 이런 방식으로 편집되었기에 나중에 책이 마음에 들지 않아 하시는 경우도 종종 있었다. 손을 떠는 질병이 없었다면 손이 자유로웠다면 좋은 책 몇 권 쉬이 쓰셨을 텐데.

스승님과 음식을 함께 먹어야 할 때도 그랬다. 청주에서 대학교수 몇 분과 선생님들 일반인들과 주역을 배울 기회를 얻게 되었다. 처음은 우연에 가깝게 스승님을 뵈었다. 공부를 시작한 몇 주 뒤 이왕 대전에서 청주를 오시니 두어 시간 일찍 오셔서 사서(四書)를 가르쳐 주십사 청하게 되었다. 그래서 여고 은사님인 노처녀 선생님과 내가 둘이서 과외를 받았다. 어렵지만 재미를 느꼈던 한문강독을 하고 나면, 자연스레 함께 식사할 경우가 생겼다. 스승님은 손이 떨리시니 수저를 꼭 잡고 입에 넣으시다가도 흘리실 때도 있다. 참으로 민망하다. 제자들 가운데 혹 식사 자리에 동석하면 누구라고 할 것 없이 반찬을 집어 가위로 잘게 만들어 밥 수저 위에 놓아드리거나 반찬을 잘게 썰어 비빔밥을 만들어 수저로 한 숟가락 꾹 눌러 드시기 좋게 담아드린다. 이런 수발

들기를 자청하는 제자들도 많았는데, 주로 결혼하신 주부들로 서울과 대전에 많았다.

스승님과 식사를 할 때면 어찌해야 할지 참으로 난감했다. 손을 떠시는 선생님의 수발을 도와드려야 했기 때문이다.

'에이! 눈 질끈 감고 도와드려야지!', '장애가 있는 울 할아버지라고 생각해야지….'

별별 생각이 많았다. 자주 식사를 함께하면서 수발을 돕는 것은 조금씩 익숙해졌다. 밖에서의 식사가 아니면 사서를 공부하던 우리 집에서 식사를 준비하기도 했다. 반찬은 많이 준비하지 않아도 되었다. 연한 살치살을 준비해 구워서 흰밥에 올려드리기도 하고, 여러 나물과 야채를 넣어 비빔밥을 만들어 입에 넣기 좋게 수저에 작게 떠드리면 되었다. 과일이나 후식은 포크로 찍어서 스승님 손에 쥐여 드렸다. 그때마다 스승님께선 "가란(嘉蘭) 애쓰네." 하셨다.

가란은 스승님께 받은 호이다. 스승님은 소년 같은 눈으로 고마운 마음을 전하셨다. 그때마다 난 왠지 부모님 얼굴이 떠올랐다.

'부모님에겐 내 손으로 상차림 하나 제대로 올려보지도 못하고 학창 시절을 보냈는데'

'수발을 들어보지도 못했는데….'

며칠 전 추석 전에 뜬금없이 여주 햅쌀 4킬로그램이 택배로 도착했다. 스승님께서 보내셨다. 올해는 치둔입정(治屯立鼎) 하는 해이니, 쌀밥을 맛있게 지어 먹으라 말씀하신다. 가마솥에 흰 밥을 지어야겠다. 몇 해 전 사모님을 먼저 하늘로 보내신 스승님은 대전의 삶을 정리하시고 서울의 큰아들네로 이사하였다. 아흔이 넘으신 스승님의 추석 쌀 선물이라니. 건강이 여의치 않으신 스승님과 빨리도 세상을 떠나신 부모님 생각에 마음이 아려온다.

2019년 추석 연휴. 춘천 하늘은 파랗고 바람결은 부드럽고 시원하다. 조카들의 간지러운 웃음소리에 어머니 아버지의 엷은 미소가 보이는 듯하다. 해와 달이 지나듯 올 추석은 이렇게 지나간다.

삼대가 덕을 쌓아야 주역 공부를 한다

이문주

2005년 7월 어느 날 선배로부터 여의도에 있는 동아문화센터에서 주역 강의를 한 번 해보겠느냐고 전화가 왔다. 이 전화 한 통화가 나의 인생을 바꾼 사건이 되었다. 주역을 한 번도 다 읽지 않은 나에게 공부하면서 가르치면 된다고, 자신도 그렇게 했노라고 권하는 말에 덜컥 승낙을 하고 말았다. 그리고는 첫 강의까지 1주일 동안 후회하느라고 잠을 이루지 못했다.

학창시절엔 주역에 관심이 없었다. 그냥 주역이라고 하면 어렵고 무조건 싫었다. 주역에 고명하신 선생님들께 주역을 배우기는 하였지만 그 깊은 뜻을 이해하지는 못하였다. 심지어는 팔괘도 다 외우지 못하는 수준이었다. 그런데 그렇게도 외울 수 없던 팔괘를 강의를 앞둔 1주일 만에 완벽하게 외웠다. 주역에 관한 여러 권의 책도 사서 읽으면서 주역을 이해하기 위한 기본 개념들을 닥치는 대로 외웠다.

수업 시작하고 30분 동안은 팔괘의 상징, 복희팔괘방위도와 문왕팔괘방위도, 하도와 낙서, 64괘 차서가 등을 수강생들과 같이 외우고, 가끔은 주자의 18변 점법도 수강생들과 같이 해보기도 하였다. 그러는 사이 주역에 재미가 붙었고, 암호문과도 같았던 주역의 내용도 조금씩 이해가 되었다. 주역의 뒷부분인 하경으로부터 시작한 주역도 1년이 채 되기 전에 끝이 났다. 원래는 주역을 마치면 이어서 논어나 맹자를 강의할 예정이었다. 그런데 이제는 내가 주역을 제대로 공부를 하고 싶은 욕심이 생겼다. 그래서 아직 읽지 않은 앞부분인 상경부터 다시 읽자고 제안을 하였고 수강생들의 동의를 얻어서 처음부터 다시 시작을 하게 되었다.

그런데 새로 시작한 주역을 미처 마치기도 전에 동아문화센터는 문을 닫았다. 수강생들은 뿔뿔이 흩어졌고 일부는 운현동에 있는 유교학술원에서 얼마 전에 새로 개강한 주역반으로 합류를 하였다. 이 주역반은 이후 10여 년에 걸쳐서 주역을 중국 송나라의 성리학자인 정이천이 풀이한『정전』과 주자가 풀이한『본의』를 합본을 한『주역전의』를 두 번에 걸쳐서 완독을 하였고, 괘사와 효사 및 십익까지 모두 외우고 얼마 전에 종강을 하였다. 처음 주역을 시작할 때는 팔괘도 외우지 못하였었는데, 이제 주역의 구조와 내용을 대충 이해할 수 있는 수준이 되었다. 그러나 주역은 그렇게 만

만하지 않았다. 가까이 다가가면 또 저 멀리 달아나버리고, 이만큼 알면 또 저만큼 알아야 할 것들을 풀어놓고 있었다.

그러는 사이 운명은 또 다시 주역 공부에 대한 새로운 길로 나를 인도하였다. 『성리대전』을 20년에 걸쳐 완독을 하고 번역까지 한 한중철학회에서 새로운 윤독 도서로 『주역전의대전』을 선정하였다. 주역을 보다 자세하고 심도 있게 이해할 수 있는 새로운 주역 공부가 시작되었다. 돌아가면서 하는 발표가 처음에는 부담으로 다가왔다. 작은 글씨로 송나라 이래 명나라 초까지 여러 학자들이 주역에 대하여 풀이한 것을 모아놓은 소주(小注)는 처음에는 하얀 것은 종이고 까만 것은 글씨로만 보였던 수준에서 이제는 그래도 척 보면 절반은 이해하는 수준까지는 되었다. 주역 공부뿐만 아니라 한문 해독력에 있어서도 괄목할만한 진전이 있었다. 윤독을 하는 도중에 한중철학회 일부 회원들이 참여하여 『주역전의대전』과 조선시대 학자들의 주역 연구자료를 합한 『한국주역대전』이 한국학술진흥재단의 지원으로 번역이 되어 공부에 많은 도움이 되었다.

적어도 삼대가 덕을 쌓아야 주역 공부를 할 수 있다고 한다. 나이 오십이 넘어 주어진 주역 공부의 기회들은 생각해보면 참으로 행운이라고 생각된다. 삶의 지혜를 광맥처럼 품고 때론 친절하게 활짝 열어 보여주기도 하지만, 어떤 때는 천인절벽에서 굴러 떨어뜨리기도 하고, 깊은 물에 빠뜨려서 절망하게도 하였지만, 이렇게 산전수전 공중전을 통하여 몸으로 삶의 지혜를 체득하게 해주는 주역에 대하여 깊은 경외감을 느끼기도 하였다.

조선 정조시대의 학자인 유한준(兪漢雋, 1732~1811)은 "알면 사랑하게 되고 사랑하면 보이고 볼 줄 알면 이해를 하게 된다."고 하였다.

주역을 조금 알게 되니 주역 공부에 재미가 생겼고, 재미가 있으니 자세하게 보게 되었고, 자세하게 들여다보니 새로운 의미들이 샘물처럼 솟아나고 있다. 아무튼 공부를 재미있게 만들어준 주역이 좋고, 좋은 것이 있어서 평생을 시간 가는 줄 모르고 행복하게 살게 해준 주역이 고맙다. 15년 전에 주역의 길로 인도해 주고 먼 길 떠나신 그 선배가 오늘 문득 그리워진다.

한글의 가성비

조희영

5천 년 역사의 대한민국이 지구촌에 내세울 가장 우수한 발
명품은 무엇일까? 발명품 대신 제품이란 용어로 바꾸어 말하
면, 세계 시장에서 가장 경쟁력 있는 제품은 '한글' 곧 1443
년에 창제하고 1446년에 반포한 '훈민정음'이라 할 수 있다.
왜냐면 한글은 문자로서의 가성비(價性比cost-effectiveness)가
타의 추종을 불허하기 때문이다. 원가에 비해 제품의 질이
뛰어난 것을 '가성비가 좋다'라고 한다.

　그렇다면 한글의 가성비를 어떻게 따져야 할까? 방법이
있다. 먼저 한글이란 문자 제품의 질을 따져보는 일이다. 문
자 제품의 우수성은 두 가지가 충족되어야 한다. 의사표현
이 수월해야 하며 누구나 쉽게 배울 수 있어야 한다. 약간의
시간과 노력을 들이고도 배워서 자유롭게 말과 글로 소통할
수 있어야 된다는 점이다. 한글은 이 두 가지 요건을 갖추고
있어 국제적으로 품질의 우수성을 인정받고 있다.

한글의 제품 질을 높이는 또 하나의 요인은 '세종대왕 (1397~1450)'이란 제작자가 분명하게 표시되어 있다는 점이다. 요즘 농산물에도 수확한 일자와 농부의 이름이 적혀 있어 소비자의 신뢰를 얻고 있는 세상이 아닌가? 유사 이래 세계 '문자 시장'에 만든 이가 명시되어 있는 제품은 한글이 유일하다. 거기다 한글 제작 목적(훈민정음 예의편例義編)과 제작과정의 공정과 보조참여자 등이 전부 기록(훈민정음 해례편解例編)으로 공개되고 그것이 모두 유네스코에 등재되어 있으니, 한글은 명실이 상부하는 이른바 '명품(名品)'인 셈이다.

　그럼 한글의 원가는 얼마인가? 보통 제품의 원가는 재료비와 인건비를 포함한 일반관리비의 합이다. 한글 제작에 드는 재료비는 책을 만드는 종이 값이니 무시해도 좋다. 일반관리비에서 사무실 이용비 등은 궁궐에서 만드는 것이니 이 또한 무시해도 좋다. 남는 것은 인건비뿐이다. 한글 창제 인력의 배분에 대해서는 집현전 학사와 주변 지인들의 도움을 받아 세종이 직접 창제한 것으로 보는 것이 통설이다. 그렇다면 세종의 인건비는 어떻게 산정해야 할 것인가? 당시 임금은 나랏일을 통째로 도맡아야 했으므로 인건비 운운은 말이 되지 않는다.

　이와 같이 엄청난 가성비를 가진 한글은 어떻게 제작되었을까? 발명의 원천은 창의성이므로 세종의 뛰어난 창의력이 한글을 창제케 했을 것이다. 그런데 그 창의력의 기제가 된 것이 바로 주역이다. 단언컨대 한글은 주역이 없었다면 세상에 나오지 못했을 것이다. 세종이 주역을 이리 굴리고 저리 굴려서 한글 28글자를 만들어 낸 것이다.

한글에 점치는 책인 주역이 들어있다면 대부분의 사람들은 의구심을 품을 만하다. 한글에 주역 곧 역학의 일부 원리가 내재되었다는 것은 한글 연구자나 음운학자들은 대체로 인정한다. 그러나 역학의 어떤 부분이 한글의 어느 부분과 맞물려있는지 정확하게 아는 학자는 드물다. 더욱이 세종이 조선 최고의 주역 전문가임을 아는 사람도 없을 것이다. 세종은 주역 원전뿐 아니라 『성리대전』에 수록된 각종 성리서와 역학서를 깊이 이해했으며, 그 가운데 어렵다고 소문난 중국 송나라 소강절(邵康節, 1011~1077) 역학에도 정통했다.

세종은 주역이 세상을 떠받치는 일종의 '플랫폼(platform)'이라 보았다. 플랫폼이란 정거장, 차로 말하면 프레임인 차체 골격을 의미하고, 컴퓨터로 말하면 소프트웨어가 구동할 수 있는 하드웨어나 프레임워크, 네트워크를 연결하는 총합 공간을 말한다. 주역을 자연 상징물로 비유하면 해와 달이나 하늘과 땅으로 표현된다. 천지일월은 이 세상을 받치는 기본 골격이자 프레임이라 할 수 있다. 한글은 이 플랫폼에다 음운론을 실어서 나온 결과물이다. 또 다른 예를 보면, 주

러나 일정기간이 지난 후 문자의 취약 계층이었던 여성들까지 포함하여 대부분의 백성들이 익히고 사용하였으며 조선말을 기점으로 공식적인 문자로서 자리 잡았다. 한글의 간결하고 쉬운 문자 체계는 한국인의 문맹률을 낮추는 데 크게 기여해 왔으며 한국의 비문맹률은 99.0% 로 나타나 높은 문자 해독률을 보여주고 있다. 세종의 훌륭한 발명품 덕분으로 우리는 그 어느 민족보다도 탁월한 문자 활용 능력을 지니고 되었다. 현재 한국어를 사용하는 인구는 남북한 합하여 7천여 만 명을 비롯하여 전 세계 7천 7백만 명 정도로 추산되고 있다. 전 세계 언어 중 한국어의 사용 순위는 13위에 해당하여, 경제와 문화적 측면에서 한국어의 영향력은 대략 9위~11위 사이로 평가되고 있다.

　이렇듯 한글의 세계적 위상이 높아질수록 한글의 가성비도 한층 뛰어오를 것이다. 한글이 명품 문자라고 했지만, 오늘날의 기준으로 볼 때 크게 놓친 부분이 있다. 바로 주역에서 한글의 원리를 응용해 낸 세종의 창의력에 대한 적절한 평가이다. 조선시대에는 창의력에 대해 대가를 지불해야 한다는 인식이 없었지만 지금은 그렇지 않다. 마이크로소프트사의 빌게이츠가 컴퓨터 프로그램 언어인 베이직(BASIC)을 개발하고 윈도우즈(windows)라는 컴퓨터 운영체제를 만든 것도 아이디어와 상상력으로 무장한 창의력에 의한 것이다. 빌 게이츠는 100조 원의 재산을 가진 세계 갑부 중의 갑부이다. 그는 아이티 업계에서 은퇴했지만 지금도 혁신적인 아이디어를 들고 매스컴에 등장하기도 한다. 명품 한글을 제작한 세종의 창의력은 지금으로 셈하면 천문학적 숫자의 평가를 받을 것이다. 만약 세종에게 한글 창제의 대가를 지불하겠다고 하면 어떤 답변을 들을 수 있을까? 역대 그 어느 임금보다 애민정신이 강했던 세종의 성품상 모든 백성들이 쉽게 문자를 배우고 익히고 사용할 수 있게 된 것으로 충분하다고 손사래를 칠 것이다. 이처럼 한글 창제에 들인 원가는 돈으로 산정할 수 없지만 세종에 대한 고마움은 후손들의 가슴 속에 무한대의 값으로 자리 잡고 있다.

중국이나 조선의 어느 심오한 역학자나 뛰어난 음운학자가 한글처럼 우수한 문자를 창제 한 적이 있었는가? 세계 어떤 국왕이 백성들을 위해 직접 문자를 만든 전례가 있었고, 문자가 탄생된 날을 기려 국경일로 지정하고 경축하는 나라가 있는가? 주역을 플랫폼 삼아 음운학·율려·천문과학 등 다양한 방면에서 특출한 성과물을 산출한 세종은 '주역의 명인(名人)'이자 '역학의 대가'라 할 수 있다. 이런 의미에서 세종대왕을 조선 최고의 역학자, 음운학자라 하더라도 과분하지 않다.

오늘 2019년 10월 9일 573돌 한글날, 주역과 세종대왕으로 한글의 가성비를 따져본다.

제2부
소소한 일상과 점

엄마는 왜 우는 돼지를 거세 했을까?

황봉덕

내가 이충구 선생님을 따라 한중철학회에 오게 된 것은 2009년 3월의 일이다. 2011년부터는 주역강독을 듣기 시작했다. 주역 대축괘(☲)를 배울 때 육오(六五)에서 "돼지를 거세하여 이빨을 쓰지 못하게 하니, 길하다."라고 하는 효사를 보았다. 어린 시절 키웠던 돼지의 울음소리가 떠올랐다. 돼지는 그저 키워 팔거나 잡아먹는 것으로 여기던 나에게, 주역에 '돼지 거세'에 대한 내용이 나온다는 것은 뜻밖이었다.

　나는 남원의 작은 마을에서 태어났다. 천지가 논밭인 동네였지만 우리 것은 세 마지기에 불과했다. 나를 포함한 육남매 자식들을 기르기 위해 부모님은 농사 외에 다른 일들도 해야만 했다. 아버지는 양조장으로 출근했고 엄마는 농사와 더불어 가축을 길러 장에다 팔았다. 닭·돼지·염소를 길렀다. 염소는 건강이 좋지 않은 아버지를 위해 기른 것으로 겨울이면 잡아 항아리에 보관하다 끓여 드리곤 했다. 닭은 우리 육남매 차지였다. 병에 취약한 닭이 골골대다 쓰러지기라도 하는 날이면 그날은 잔칫날이었다. 돈이 된 것은 돼지뿐이었다.

어머니가 새로 기를 돼지를 사러 장에 가는 날이면 새벽부터 집안이 시끄러웠다. 따라가겠다는 우리들과 데려가지 않겠다는 엄마 사이에 줄다리기가 팽팽했다. 어머니의 반대 이유는 간단했다. 혼자면 한나절이면 다녀올 일정인데, 우리를 데리고 다니면 하루 종일 걸릴 것 같았기 때문이었다. 그러나 나는 장에 꼭 따라가고 싶었다. 그때 내게 장은 새로운 것들로 가득한 별천지였다. 엄마가 장에 가는 날이면 나는 미리 옷 입고 마당에 서서 데려가 달라고 시위를 했다. 그렇게 몇 번이고 조르고 떼를 써서 남원 장에 따라간 적이 있다. 그때는 버스가 우리 마을까지 들어오지 않아서 장에 가려면 산을 넘어 이십 리를 걸어가야 했다. 새벽 산길은 안개로 자욱했다. 엄마는 산길을 걸을 때면 항상 나를 앞서 걸어가게 했다. 혹여 넘어지거나 산짐승이라도 나타나면 어쩌나 걱정되는 마음에 계속 앞서 걷는 자식을 지켜본 것이다. 그날 장에 갈 때도 그랬다. 엄마는 나부터 먼저 걸어가라고 했다. 새벽녘 안개 낀 산길은 음산하고 차가웠다. 나는 엄마의 발소리를 들으며 걸었다.

남원 읍내 장은 사람들로 북적였다. 그도 그럴 것이 남원 장은 오일장인데다, 당시에는 사고팔고 먹고 노는 일이 다 장날 이뤄졌다. 우리는 작은 새끼돼지 한 마리를 샀다. 젖을 막 뗀 새끼돼지를 사서 망태기에 넣고 대야에 담아 머리에 이고나면 집으로 가기만 하면 됐다. 하지만 엄마는 자식들과 장에 갈 때면 그냥 집으로 돌아가는 법이 없었다. 국밥과 국수를 말아주는 곳에 들러 꼭 점심을 사주셨다. 당시에는 음식을 사먹을 수 있는 곳이 귀해 읍내에나 가야 있었다. 돼지를 사러갔던 그날, 어머니와 먹었던 국밥의 맛은 지금도 잊지 못한다.

　새끼돼지를 얼마에 주고 사서 나중에 얼마를 받고 팔았는지는 자세히 알지 못한다. 당시 내가 너무 어렸기 때문이기도 하지만, 엄마가 돌아가신지 십년이 다되어 이제 여쭤보고 싶어도 그럴 수가 없게 됐다. 엄마와의 어릴 적 추억을 떠올리면, 해질녘이 다 되어 이 십리 길을 걸어 돌아오던 그날의 광경이 눈앞에 펼쳐진다. 새끼돼지를 머리 위에 이고 걷던 엄마와 그 앞에서 씩씩하게 걷던 내 모습이 어제처럼 생생하다.

　돼지를 기르는 곳은 대문 옆 우리였다. 당시에는 사료라는 것이 없어 그저 집안 식구들이 먹고 남은 것을 주거나, 그도 모자랄 때면 쌀뜨물에 채소나 보리, 쌀겨를 섞어 삶아 먹였다. 온순하던 새끼돼지는 조금 자라면 매우 난폭하게 변했다. 이빨로 돼지우리의 버팀목을 망가뜨리고 탈출해 온 집안을 난장판으로 만들기 일쑤였다. 돼지를 다시 우리 안에 넣기 위해 동네 어른들이 달려와 도와주기도 했다. 이쯤 되면 돼지가 집안의 골치 거리로 변한다.

돼지가 집안의 사고뭉치가 되어가던 어느 날, 엄마는 "너희들 모두 방에 들어가, 엄마가 나오라고 할 때까지 나오지 마."라고 명령하셨다. 결연한 엄마의 말투와 표정에 우리들은 모두 방으로 조용히 들어갔다. 잠시 후 돼지가 큰소리로 울었다. 돼지는 늘 꿀꿀거렸지만 그날은 소리가 완연히 달랐다. 임박한 죽음에 공포를 느끼는 듯한, 그야말로 '돼지 멱 따는 소리'였다. 자지러지는 돼지 울음소리가 계속되는 동안 온몸이 그 소리로 가득 차는 것 같았다. 궁금하면 참지 못하는 성격이지만 그날은 두려움이 호기심보다 더 컸다. 돼지 울음소리가 완전히 멎은 후에야 밖으로 나갈 수 있었다. 돼지는 죽지 않았다. 나는 기이한 돼지 울음소리에 대해 물었다. 엄마는 "돼지 불알을 깠다."라고 말해 주셨다. 그때는 그게 무슨 뜻인지 이해하지 못했다.

엄마가 주역의 효사를 알지는 못했을 것이다. 그날 이후 돼지는 우리를 넘는 일은 없었다. 엄마의 돌봄 아래 온전하게 잘 자란 돼지는 장에서 백 근이 넘는다는 판정을 받고 팔려갔다. 당시엔 돼지가 백 근이 넘으면 제법 많은 돈을 받을 수 있었다. 그렇게 엄마의 지혜를 통해 잘 길러진 돼지는 이후 언니와 오빠의 중학교 학자금이 되어 돌아왔다.

돼지를 기르던 시절의 엄마보다 나이를 더 먹고 보니, 그때 엄마의 마음을 조금은 알 것 같다. 여섯이나 되는 자식들이 엄마를 저절로 용감하게 만들어 줬을 것이다. 등 뒤의 엄마를 믿고 안개를 헤쳐 걷던 나처럼, 어쩌면 엄마도 등 뒤에 주렁주렁 매달린 우리 자식들을 믿고 용기를 냈던 것은 아닐까?

겸괘와 달항아리

유영모

"열심히 일한 당신, 떠나라!"

어느 신용카드 회사의 광고 문구이다. 현대인의 삶의 양식을 단적으로 보여주는 말이기도 하다. 이런 삶의 양태 밑바닥에는 '노력한 만큼의 대가는 당연히 있다'는 원칙이 깔려있는 듯하다. 이른바 보상심리이다. 사람은 일정한 행동을 취하면 그에 부합되는 대가를 받고 싶어 한다. 방식에는 유익한 보상 심리도 있고, 반대로 복수의 부정적 보상 심리도 있으나 이를 통틀어 보상심리라고 한다. 그리고 그 심리가 충족되지 못할 때 '나만 손해 보았다'는 일종의 피해의식이 생겨난다. 이러한 피해의식에서 헤어 나오기 어려운 상황이 계속되면 우울증에 빠지기도 한다.

요즘 아이를 키우는 젊은 세대들 사이에서 '독박육아'라는 신조어가 유행처럼 번지고 있다. 부부가 맞벌이를 하지 않고 친정이나 시댁의 보조를 받지 못하는 상태에서 아내 혼자 또는 남편 혼자서 육아를 도맡는 경우에 쓰는 말이다. 육아의 책임을 혼자 뒤집어썼다는 억울함이 배어있는 언사임에 틀림없다. 육아를 오래전 경험한 나이 든 부모세대들에겐 그 말 자체가 가소롭기 그지없을 것이다. 나 역시도 구세대인지라 '자기 새끼 자기가 키우는 게 당연하지 뭐가 억울하다는 것이냐.'고 통방을 먹이고 싶은 생각이 들지만, 꼰대라는 말을 들을까 싶어 그들 앞에선 입을 다문다.

시대는 이미 많이 변했다. 부부가 함께 경제생활을 하고, 육아·요리·설거지·청소 등 가정살림들을 함께 하는 것이 자연스러운 현상이 되었다. 2015년 통계청에 따르면 자녀가 있는 부부 10쌍 중 4쌍이 맞벌이 부부라고 한다. 이 수치는 아이가 생기면서 직장을 포기하고 육아를 맡아야하는 상황에서 외벌이로 바뀌어 변한 수치이다. 이는 비싼 베이비시터 비용을 감당하느니 직접 육아를 맡는 것이 더 경제적이라는 계산에 따라 택한 결과이기도 하다. 아기가 너무 사랑스럽고 포동포동한 아기 살결을 대고 있으면 행복감이 절로 밀려와 아이를 떠날 수 없다. 하지만 하루하루 육아에 지치게 되면 처음의 생각과 달리 차라리 직장을 나가고 싶은 게 요즘 독박 육아를 하는 엄마들의 솔직한 심정이란다.

사실 육아는 녹록치 않게 힘든 일이다. 밤에도 몇 번씩 깨는 아기를 달래느라 잠도 부족하고, 씻기고 먹이는 일만으로도 바빠서 밥을 서서 먹는 둥 마는 둥, 심지어는 화장실에도 아이를 안고 가야하는 경우도 있고, 말 못하는 아기가 아프기라도 하면 쩔쩔맬 수밖에 없다. 뭐든 입에 넣고, 무슨 물건이든 손에 잡히는 대로 마구 끌어당기는 아이를 따라다니다 보면 우아하게 차를 마시거나 친구들을 만나거나 영화를 보는 따위의 일은 꿈도 꾸기 어렵다.

독박육아에 지친 하루가 저물어 배우자가 집에 오면, 마치 공을 토스하듯 아이를 내맡긴다. 귀가한 배우자도 놀다가 온 것은 아닐 테지만 상황이 비교불가이니 묵묵히 받아주다가 마침내 그도 투덜대기 시작한다. 어른들이 '옛날에는…'이란 말로 서두를 시작하면 속에서 천불이 난다. 주말이면 스트레스를 풀기 위해 외출하여 늦도록 귀가를 하지 않는 일이 잦아지면서 부부간에 불화도 쌓여간다. 아무 것도 모르는 아기는 집안에 감도는 냉랭하고 이상한 분위기를 감지하고 마냥 불안하다. 이 집안을 어찌하면 좋은가? 이런 가정이 많은 것이 지금의 현실이다. 서로가 자신의 수고를 알아달라고 불평을 하지만 둘 다 피해의식에 싸여있으니 대화가 잘 풀리지 못하고 상황은 좋아지지 않는다. 언제부터 부모로서 자식을 보살피는 일이 마지못해 택한 불공정한 처사가 되었는지 참 씁쓸한 일이다.

생각해보면 육아는 몇 년 만 고생하면 벗어날 수 있지만, 불화로 만신창이가 된 가정은 쉽게 회복되지 않는다. 이런 딱한 젊은 부부들에게 '정말로 행복을 원한다면 보상심리를 버리라.'고 조언하고 싶다. 공평함이 현대사회에서 중요한 미덕인 것은 맞지만 인간관계에서 수량화된 공정함이 궁극적으로 행복을 보장해주는 가치가 아니다. 인간의 마음속에 똬리를 틀고 있는 보상심리가 인간관계에 얼마나 큰 해악을 끼치는지를 필자도 참 늦게 깨달았다.

여러 가지의 문제로 대부분의 부부들이 부부싸움이라는 것을 하지만, 나의 경우도 예외가 아니다. 투쟁이 발전의 원동력이라는 헤겔식 사유로 무장을 하고 사태를 개선해보겠다고 원치는 않으나 싸움을 해보지만 개선은 안 되고 마음만 서로 상할 뿐이었다. 내가 옳았는데 왜 인정하지 않느냐고 다그칠수록 상대는 적반하장으로 더 큰 소리로 화를 냈다. 인정하고 미안하다고 하면 되는 것을 왜 못할까? 참 이해할 수 없었다.

'나를 알아주지 않아도 성내지 않으면 군자라 할 만하다.'는 논어의 공자 말씀에는 오히려 약이 오르고 버럭 화가 치밀어 오를 뿐 공감이 되지 않았는데, 주역 겸괘[謙卦䷩]의 '수고하고도 겸손함[노겸勞謙]'을 '수고하고도 자랑하지 않음[노이불벌勞而不伐]'으로 풀이해 놓으신 공자의 구절은 마음에 울렸다.

이 구절을 읽으면서 우리 부부싸움의 원인을 알았다. 남편은 자기가 옳고 내가 틀렸다고 여겨서 화가 난 것이 아니다. 아내인 내가 옳았다는 사실은 알고 있지만, 그것을 인정받아야겠다고 다그치는 나의 태도에 마음이 상한 것이다. 상대는 사실의 내용보다는 사실을 대하는 나의 태도에 더 집중하고 있었다. 보상받고 인정받아야겠다는 심리는 자랑과 공치사로 표현된다. 자랑은 남을 이기려는 마음의 표시다. 자랑하는 말은 결국 상대의 마음을 공격하는 선전포고와 같다. 주역에서는 겸손을 '수고하고도 자랑하지 않고, 공을 세우고도 공치사하지 않는 태도'라고 설명한다. 겸괘는 주역 64괘중에서 몇 안 되는 길한 괘에 속한다. 특히 여섯 효가 모두 길하다거나 이롭지 않음이 없다고 하여 나쁜 효가 하나도 없다. 그래서 겸괘를 최상의 괘로 치고 있다. 겸손은 자존감이 낮아진 비굴의 태도와는 다르다. 세상에 당당하게 맞서는 자신감과 용기를 가지고 공손함을 다하는 품격 있는 군자라야만 지닐 수 있는 태도이다. 실생활에서 노겸(勞謙)의 군자로 살아간다는 것은 참 아름답고 어렵다. 더 높은 가치를 지향하면서 사소한 이익에 초연할 수 있어야 한다. 내가 공들인 수고의 무게를 재는 저울의 바늘을 없애는 일이 노겸의 첫걸음이 아닐까 생각한다.

　겸괘를 생각하면서 연상되는 것은 백자 달항아리이다. 알랜드 보통은 조선의 달항아리를 겸손이라는 미덕에 최상의 경의를 표하는 작품이라고 찬사를 아끼지 않았다. 아름답기로는 화려한 비색에, 잘 빠진 몸매를 자랑하는 고려청자를 이길 만 한 것이 없지만, 순백의 달항아리는 소박하고 넉넉한 모습으로 보는 사람들을 무장 해제시킨다. 선의 과장을 통해 긴장이 유발되고 그에 따라 세련미가 드러나는 고려청자에 비해, 백자는 소탈하면서도 그 안에 풍만함을 내포하고 있다. 혜곡 최순우 선생이 〈한국미술오천년전〉이라는 해외전시를 통해 한국미술의 진수를 세계에 처음 알릴 때 전면에 내놓은 포스터에도 달항아리를 넣었다. 달항아리가 후덕한 아름다움을 발하는 한국의 진정한 미라고 보셨기 때문이다.

달항아리는 18세기 조선을 대표하는 자기이다. 그 당시 중국과 일본은 채색자기가 주류를 이룬다. 중국은 백자 위에 에나멜로 그림을 그리고 다시 구워 삼채·오채의 화려하고 정교한 자기를 구워냈고, 일본도 아리타를 중심으로 제작된 채색자기를 유럽에 수출하여 부를 누리고 있었다. 유독 조선인은 화려함을 뒤로하고 소박하고 간결한 백자를 사랑했다. 한·중·일이 모두 유교문화권에 속해 있지만 그 결이 다르다. 17세기 후반 조선에 실사구시(實事求是)의 실학 바람이 불었어도 한국의 실학은 내면적 가치를 중시하는 구시에 방점이 있었던 것일까? 중국의 오랑캐 문화에서 벗어나 독자의 길을 가려는 조선의 선비들은 삶의 곤고함 속에서도 경(敬)의 실천을 중요시했다. 경은 오늘날 말하는 겸손과 맥이 닿아 있다. 겸손을 조형적으로 표현해낸다면 졸(拙)이다. 고졸(高拙)의 경지는 표현에 미숙하여 졸렬하게 보이는 유아기의 표현이 아니라, 기교를 다하지 않고 절제를 구현할 줄 아는 경지에서 드러나는 미감이다. 달항아리는 순백의 청아하면서도 담담한 미적 가치를 드러낸 고졸미의 극치라 할 만하다.

백자 달항아리는 예술적 가치를 지닌 관상용 도자기라기보다는 일상생활 속에서 소금이나 간장 등을 담아 사용하던 그릇이다. 어떤 것은 장류가 배어나와 얼룩져 있기도 하다. 달항아리는 한 번에 완형을 완성할 수가 없어서 반으로 나눠 제작하여 붙이기 때문에 완벽한 대칭을 이루지 못한다. 동체 중앙에는 이음 자국이 그대로 나타나 있고 표면에 작은 흠들을 그대로 남겨둔 채 불완전한 유약을 머금은 것도 있고 무작위로 유약이 퍼져 있는 것도 있다. 일그러져 있어도 아무런 장식이 없어도 화려한 색이 없어도 전혀 개의치 않는다.

달항아리를 다채로운 도자기들과 견주어 놓고 보면, 달항아리의 이러한 결함들은 '나는 잘 보이고자 서로 뽐내는 경쟁에는 관심 없다.'고 말하는 듯하다. 한가하고 무심한 모습으로 올라앉아 있을 뿐이다. 궁색한 듯 넉넉하고, 소박한 듯 자족하는 모습은 더 나은 지위로 올라가고자 하는 사람에게, 더 인정받고자 안달난 사람에게 유유자적하는 또 다른 삶도 있다고 알려주는 듯하다.

남녀가 평등해야 행복한가?

김주창

'왜! 이유가 뭘까?'

1974년 대학 철학과에 입학하자 선배들이 여성상위시대가 왔다고 떠들었다. 그 뒤 기억이 가물거리지만 2000년쯤인가 가끔 버스를 타면 진짜로 가수 양희은이 '여성시대'라는 라디오 프로에서 목소리를 높였다. 그러다가 중국에 가자 '여성천하'란 대담 프로에서 여왕벌 여성들이 등장했다. 도대체! 그 이유가 뭘까?

2019년 중국 형수 시에서 개최한 동중서(董仲舒, BC179?~BC104) 국제학술회의에서 나는 논문을 발표했다. 한해 전에 내가 발의한 '과학 음양론'으로 '동중서의 천하 운명 공동체의 문화 설계도'를 썼다. 여기에서 과학 음양[남녀]과 문화 음양[남녀]으로 분리시켰고 다시 융합시켰다. 이것은 동중서의 생각이기도 하고 내 생각이기도 했다. 또 주역의 생각이기도 하고 내 생각이기도 했다.

"지구 생물은 '음양 결합 유전자 전달 체계' 메커니즘으로 진화했다." 논문의 4장 1절 제목을 이렇게 달았다. 39억 년 전 생물이 이 지구에서 탄생하면서 진화가 점차 자웅으로 분리되며 생식하는 생명체 전수체계가 정착되었다. 그중 인간이 고도의 유성생식으로 진화하며 유능하고 이기적인 유전자를 확보하여 지구를 지배하게 된다. 이런 방식의 생식은 남녀가 짝을 지어야만 가능하다. 생명의 생식작용의 진화에 따라 인류문화는 둘[음양]로 쪼개어 극대화하지 않을 수밖에 없게 되었다. 이것이 가장 간단하고 효과적인 방법이기 때문이다. 여기에는 또 남녀의 특성과 역할이 달라서 서로 상부상조하지 않을 수 없는 구조와 역할이 존재한다. 그렇지 못하면 인류생존 자체가 불가능하다. 문화제도 관념도 이에 의존하지 않으면 혼란을 초래할 수밖에 없다. 이에 동중서는 문화구조를 철저히 둘로 나누어 극대화시켰다. 이것은 자연현상을 그대로 모방한 것이며 특히 자연의 진화현상에 근거한 것이다. 이는 매우 합리적인 판단일 뿐만 아니라 사실 주변의 다른 문화권 국가들도 마찬가지였다.

　나는 그 근거로 '주역에는 64괘 384효 중에 192개의 음효와 192개의 양효가 평등하게 섞여서 인류 사회를 구성했다.'는 것을 밝히고, 또 주역을 만든 사람들이 이 문화 및 제도 관념을 만들 때 철저히 '이 우주자연에서 진화된 남녀의 '일대일(1:1)' 유전자가 결합하고 전수하는 메커니즘에 보이는 절대평등에 근거했다.'는 것을 분명히 하였다. 하지만 시대의 특성에 따라 이 절대평등을 실행하는 방법은 다를 수 있다. 기원전 2세기 한나라 시대의 동중서는 이것을 차등의 방법으로 평등을 실현하려고 했다.

"'남녀평등'을 위해 불평등적인 '차등 제도'를 도입했다." 4장 3절의 제목이다. 동중서의 철학체계는 인문사회가 실재하는 '인류생명의 진화된 유전자 전수체제'에 근거하여 남녀의 생명을 평등화 시켰지만 이를 실행하는 현실에서는 철저하게 차이를 두었다. 그래서 동중서는 계층과 계급을 만들어 그 간극을 줄이려고 했다. 왜냐하면 남녀 및 남녀가 만든 공동체 조직을 하나의 기준으로 평가하는 것은 불공평하고 불합리하기 때문이었다. 또 만약 남녀 양측이 모두 이에 대해 절대 평등한 태도를 유지한다면 비효율적인 나쁜 결과로 대가를 치르게 될 것이다.

현실적인 응용에 있어서 또 작용을 실행하는 측면에서도 동중서는 차등을 두지 않을 수 없었다. 이것은 동중서의 철학에만 그런 것이 아니라 그 당시 모든 문화권 국가들이 그렇게 하고 있었다. 그때는 조건적으로 지금처럼 평등한 사회구조를 만들 수 없었기 때문이었다. 설명의 요지가 이랬다.

나는 동중서가 만든 삼강오륜을 결코 비호하지 않았다.

그때는 시대적 조건이 현대와 같지 않았기 때문에 문화적으로 이렇게 할 수밖에 없었을 것이다. 하지만 남녀가 절대적으로 평등하다고 하는 것은 분명히 밝혔다. 어느 누구도 나를 비난할 수 없을 것이다. 왜냐하면 이것이 사실이기 때문이다.

우주에는 음의 기운이 양의 기운보다 월등히 많다. 우주는 95.1퍼센트의 암흑 에너지와 4.9%의 빛 에너지로 구성되어 있다. 주역에서 '적은 것이 많은 것을 지배한다.'고 했듯이 우주에는 적은 '빛 에너지'가 많은 '암흑 에너지'를 지배한다. 마찬가지로 여성이 많고 남성이 적으면 '희소가치의 우주법칙'에 의해 남성이 여성을 지배하게 된다. 과거에는 여성이 남성보다 월등히 많았지만, 현대에는 남성이 여성보다 훨씬 많은 사회로 조정되면서, 여성이 남성을 지배하는 사회로 변화하고 있다. 단지 이것을 현대 남성들이 잘 인식하지 못하고 있을 뿐이다.

철학과 선배들이 가르쳐준 것을 나는 45년이 지나서 이론적 근거를 댔다. 논문 발표가 끝나자 중국의 저명한 철학자이자 절강성 최고 학자로 74세인 오광 교수가 말을 걸어왔다. 현대는 남녀평등 구조의 사회로 만들어져서 집에만 들어가면 남편이 부인의 지배를 받아야만 살게 되었다고 하소연했다. 그것도 부인이 옆에 있는데도 불구하고. 그러면서 동중서처럼 남녀에게 차등을 둔 사회구조로 만들어야 집에 들어가면 노예생활이 아닌 간신히 평등한 생활을 할 수 있을 것이라고 했다. 참으로 간 큰 양반이다. 그것을 절대 권력자인 부인 옆에서 말을 하고 있다니. 아마도 내 앞에서 부인에게 시위를 하고 있는 듯했다.

중국 인민일보에 버금가는 광명일보에서 내 논문을 학술판 전면에 3,000자로 줄여서 싣겠다고 전화가 왔다.

미국 여행과 자취 생활

윤용남

약 20여 년 전 대학에서 '주역과 세계경영'이라는 교양강좌를 개설하여 학생들에게 주역과 점치는 법을 가르쳤다. 그런 뒤 점을 치고 해석과 적용이 잘 안 되는 것은 필자가 운영하는 홈페이지 게시판[www.uri42.net]에 올려 질문하도록 하였다. 이 때 100여 건의 질문에 답을 해 주었는데, 그 가운데 두 개의 사례를 골라 소개한다.

2001년 11월 7일 작곡과 학생이 이렇게 질문을 올렸다.

"안녕하세요? 작곡과 학생 ○○○입니다. 점친 주제는 '어머니께서 이번 겨울에 미국에 다녀오시려고 계획을 세웠는데, 현재 미국은 테러 위협에 놓여있습니다. 이런 상황에서 계획대로 함이 길할 것인가?'입니다. 점을 쳐 보았더니, 택천쾌괘(䷪)가 나왔습니다. 3개의 효가 변하였고, 초효가 변

하였으므로 본괘의 괘사로 점을 쳐야합니다. 책을 찾아 괘
사를 보았더니

'쾌는 왕의 뜰에서 드날려, 미덥게 부르짖으나 위태로움
이 있다[쾌夬는 양우왕정揚于王庭이니 부호유려孚號有厲니라].'는
말로 시작하여 더 이어져 있었습니다. 그런데 영 무슨 뜻인
지 모르겠습니다. 대강 책을 보니 소인의 세력이 아직까지
는 강하다고 하는데, 그럼 소인을 점칠 주제와 어떻게 연관
을 시켜야 하는지요? 테러의 주가 되는 이슬람 국가로 봐
도 되는지요? 제가 너무 모자라서 그런지 주역은 정말 너
무 어려운 학문인 것 같아요. 선생님! 추운 날씨 감기 조심
하세요."

주역으로 점을 치고 처음 괘사와 효사에 적용해 보는 학
생으로서는 당연히 나올 수밖에 없는 질문이었다. 나는 그
답으로 이렇게 설명해 주었다.

"원문에서 '왕의 뜰에서 드날린다'는 양우왕정(揚于王庭)
은 상육(上六)의 죄를 임금이 알 수 있도록 왕이 있는 곳에서
논죄(論罪)하는 것입니다. '미덥게 부르짖는다'는 부호(孚號)
는 정성을 다하여 상육을 공격하도록 사람들을 불러 모으는
것입니다. '고자읍(告自邑)'은 자기가 살고 있는 마을 사람들
에게 먼저 상육의 죄를 알리는 것이니, 이는 자신의 사사로

운 생각을 먼저 다스리는 것입니다. 다섯 양(陽)이 하나의 음(陰)을 치는 것은 그렇게 어려운 일은 아니지만, 임금보다도 높은 지위에 있는 자를 몰아내기 위해서는 그 죄를 분명히 해야 하고, 여러 사람의 합심 협력이 필요합니다. 그렇게 보면 쉬운 일만은 아니지요. 그러므로 조심하는 것입니다. 이를 정리해서 괘사 전체를 다시 해석하면 다음과 같습니다.

'쾌(夬)는 대궐의 뜰에서 [상육의 죄를] 드러내어 정성을 다하여 큰소리로 외치나 어려워하는 마음이 있으며, 자기 읍邑으로부터 알리고 무력을 사용하는 것을 이롭게 여기지 않으면 갈 곳을 두는 것이 이롭다.'

쾌괘(夬卦䷪)는 맨 위의 상효만이 음(陰)이고 나머지 다섯 효는 모두 양(陽)입니다. 여기서 음은 제거되어야 할 소인이고 양은 군자입니다. 군자가 힘을 합쳐 소인 한 사람을 몰아내려는 상(象)입니다. 이는 그렇게 어려운 일이 아닐 수도 있으나 상육(上六)은 임금보다도 위에 있는 사람으로서 임금도 함부로 하기 어려운 사람입니다. 즉 임금의 비호를 받고 있는 것이지요. 그래서 그를 제거하려고 하면 무엇보다도 그 죄가 분명해야 합니다. 그런 다음 임금 앞에서 그 사실을 명백히 밝혀야 합니다. 그래서 왕이 사는 대궐의 뜰에서 논죄를 하는 것이지요. 또 다른 사람도 그 사실을 알아야 하며, 그래야만 힘을 합쳐서 소인을 몰아 낼 수 있습니다. 그러므로 정성을 다하여 큰 소리로 외치는 것입니다. 이런 일을 쉽게 생각하여 방심하면 상육이 도리어 공격해 옵니다. 소인은 막다른 골목에 몰리면 더 이상 물러설 곳이 없으므로 최후의 발악을 하지요. 그러므로 어렵게 생각해야지요. 또 그런 일은 확실한 후원자가 있어야 하므로 자기 동네 사람들에게 먼저 알려주어 우군을 만드는 것입니다. 이는 아울러 자신의 덕을 닦는다는 것을 의미합니다. 즉 자기에게 공평하지 못한 사심이 있으면 논죄하는 데 있어서 자칫 공정성을 잃을 수 있습니다. 그러므로 자신의 덕을 먼저 닦아야 하지요.

　그런데 한 명의 소인을 제거하기 위해서 지나치게 강하게 몰아붙이면 안 됩니다. 뜻은 단호하지만 그 실행 방법은 부드럽게 처리해야 합니다. 즉 그 죄를 명명백백하게 드러내 놓으면 그 소인은 저절로 물러날 것입니다. 위의 내용이 쾌의 상(象)과 그 괘사의 풀이입니다. 이러한 상을 미국에 가는 일과 결부시키면 어떻게 될까요? 먼저 가는 목적이 분명하고, 그것은 피할 수 없는 것이어야 합니다. 위에서도 보면 목숨을 걸고 상육과 싸우는 것입니다. 『주자어류(朱子語類)』라는 책에서 주자는 다음과 같이 말하고 있습니다.

　'바른 말을 해야 될 상황에서는 칼이 머리 위에 떨어지더라도 말을 한다. 다만 공로와 죄과를 평가함이 마땅하고 시비를 분명하게 한다면 내게 무엇이 흡족하지 못한 것이 있겠는가?'

결국 반드시 가야할 일이라면 목숨이 위태롭더라도 간다는 것이 됩니다. 다만 괘사에서는 이때 조심할 일을 자세히 가르쳐 주고 있습니다.

　첫째, 대세가 군자에게 있으니 한 사람의 소인을 몰아내는 것이 쉬운 것처럼 보이더라도 쉽게 생각하지 말고 어렵게 생각해야 합니다. 방심은 금물입니다.

　둘째, 논죄함에 있어 공정성을 잃을 수 있으니 지나치게 욕심을 내는 것은 금물입니다. 자기가 우선 공평무사한 입장에 있어야 합니다. 여기서는 두 가지를 생각할 수 있습니다. 하나는 미국에 가는 목적을 설정함에 있어서 꼭 가지 않아도 되는데 가야 된다고 생각하는 것이며, 다른 하나는 불요불급한 일까지 처리하려고 욕심을 내는 것입니다.

　셋째, 소인을 너무 강력하게 밀어붙일 생각만 하는 것입니다. 돌아서 가도 되는데 전투를 하듯이 해서는 안 된다는 것입니다. 여기서도 역시 두 가지를 생각할 수 있습니다. 하나는 시간을 늦추거나 앞당길 수 있는데 그것을 괘념치 않는 것이고, 다른 하나는 일을 너무 완벽하게 처리하려는 것입니다.

　대개 이와 같이 생각할 수 있을 것입니다. 그러나 구체적으로 적용시키려면 또 더 생각해야 할 것입니다. 잘 생각해 보세요. 위의 내용을 잘 소화해서 구체적인 상황과 결부시켜 보세요.”

2002년 6월 10일 이름을 밝히지 않은 어느 학생이 또 이렇게 질문을 올렸다.

"저는 이번에 자취를 하면 길할까라는 주제로 점을 쳤는데요. 열심히 공부하기 위해 통학시간을 줄여보고자 하는 마음도 있고, 한번 집 밖에 나와 독립적인 생활을 하고도 싶고 해서 자취를 고민하고 있습니다.

점괘를 보니

'澤地萃卦, 六二 : 引, 吉, 无咎, 孚乃利用禴, 象曰, 引吉无咎,
中未變也'

(택지췌괘, 육이 : 인, 길, 무구, 부내이용약, 상왈, 인길무구, 중미변야)

가 나왔습니다. 이 해석에 관해 질문이 있습니다. 제가 가지고 있는 책에는 아래와 같이 해석되어 있었습니다.

'육이(六二): 이끌고 가면 길하니 허물이 없으리라. 성의만 있다면 여름 제사를 받드는 것이 이로우리라. 상왈(象曰): 이끌고 가면 길하고 허물이 없다 함은 중도(中道)를 행함이 아직 변하지 않았다는 것이다.'

여름 제사를 받든다 함은 제 상황에서 어떻게 해석해야 할지 고민입니다. 여름 제사라 함은 무엇을 해야 하는 것인가요? 성의 있는 마음으로 일을 실천하면 더 좋다는 뜻으로 저는 받아들이고 있는데요. 그리고 도대체 중도를 행함이 변하지 않았다 함이 무슨 말인지 모르겠어요. 지금 중도를 제가 잘 행하고 있다는 것인가요? 그래서 길하다는 뜻인가요? 무엇엔가 이끌리지 말고 주체적으로 이 상황을 지켜내라는 말인가요? 에휴! 정말 어렵습니다.

췌(萃)자가 취(聚)란 뜻으로 사람들이 모인다고 하는데요, 지금 제 상황에선 이익이 모이는 것, 그래서 나아가는 것이 길한 것으로 해석하고 있습니다. 제가 생각하고 있는 것들이 맞는 것인지? 생각하면 할수록 더 복잡한 것 같습니다. 제 질문이 좀 산만하지만, 답변해 주시면 정말 많은 도움이 될 수 있을 것 같습니다. 그럼, 즐거운 한주 시작하세요!"

나는 다음과 같이 설명하면서 답해주었다.

"택지췌괘(澤地萃卦䷬)는 땅위에 물이 모인 괘이고, 상괘(上卦)는 기뻐하고 하괘(下卦)는 순응하는 괘입니다. 서로 기뻐하고 순응하여 모이는 괘입니다.

육이(六二)효는 하괘의 가운데에 있어서 중정中正한 효이며, 또 위로 구오(九五)효와 응(應)이 되어 있습니다. 그래서 육이(六二)는 구오(九五)에게로 가서 모이려고 합니다. 이때 옆에 두 음효가 있는데 이들을 이끌고 함께 구오에게로 가야 길합니다. 구오가 임금의 자리에 있으면서 상황을 이끌고 가기 때문에 구오를 중심으로 모이는 것이 좋기 때문입니다.

 또 모임에 있어서는 상호간의 정성과 신의가 중요한데, 육이는 중정(中正)하고 유순하여 위의 구오와 응하려고 하고, 위의 구오는 강건하고 중정하여 아래로 육이와 사귀려고 합니다. 이렇게 서로 다가가려고 할 때는 무엇보다 성의가 중요하고 많은 예물은 중요하지 않습니다. 그래서 성의가 있으면 된다고 하였습니다. 이제 이런 상황에서 점친 내용과 연결하면 어떻게 될까요?

 자신을 육이로 하고 자취하는 일을 구오로 보고 점을 치는 것이 좋을 것 같습니다. 자신은 곁에 있는 두 음효(陰爻)인 초육(初六)과 육삼(六三)을 이끌고 가야 합니다. 그런데 두 음효는 자신의 뜻에 잘 순응하기 보다는 오히려 소극적입니다. 따라서 여기서는 자신의 주변 정리를 잘 해야 할 것으로 봅니다. 자신이 자취를 하면서 공부에 전념하려고 할 때 주위 사람들이 방해하지 않도록 주위를 잘 다스려야 한다는 것입니다. 여기서는 이끌어 자기 곁에 오게 하는 것이 아니라 오히려 주변 정리를 잘하여 자신의 공부에 도움이 되는 친구는 가까이 하고 그렇지 못한 친구는 멀리해야 한다는 것입니다. 이렇게 하지 못하면 자취 생활은 자칫 방만함으로 흐를 수 있습니다. 물론 주변 정리는 반드시 단교를 의미하지는 않습니다. 자신이 마음을 비우고 정성을 다하여 친구들을 설득하면 공부하는 데 동참할 것입니다. 결국 이끌고 가는 것은 이런 친구들이지요. 이렇게 본다면 이 문제에 있어서 자신의 정성과 열의와 성실 등이 문제가 되겠습니다. 정성을 다하여 목적을 이루고자 하는 뜻이 있으면 성공하고 그렇지 못하면 실패한다는 것입니다. 먼저 주변을 돌아보고 주변 정리부터 해야 할 것입니다.

또 이 효사(爻辭)에서는 구오가 자신에게 응하는 것을 말하고 있는데, 학생의 경우 자취하려는 것이므로 그것이 자기에게 능동적으로 응할 수는 없는 것이므로, 그 자취방이 좋은 환경을 제공한다는 정도로 보면 좋을 것입니다. 즉 어느 정도 만족할 만한 자취방이 있어야 할 것입니다. 이를 종합하면 자신의 정성과 적당한 자취방이 갖춰지면 길하다고 할 것입니다. 다음으로는 직접적인 질문에 대하여 알아보겠습니다.

첫째, 여름제사라고 번역한 글자는 여름에 제사를 지내는 것을 의미하는데, 여름에는 먹을 음식이 가을에 비해 풍성하지 못해서 제물을 풍족하게 마련하기 어려운 때입니다. 그래서 이런 때는 정성이 더욱 중요하다는 의미로 봅니다. 주자(朱子)는 그렇게 풀었습니다. 즉 성의만 지극하다면 제물은 간소하더라도 좋다는 뜻입니다.

둘째, 중도(中道) 문제는 위에서 말한 성의를 말한 것입니다. 중(中)자는 중도라고 번역할 수도 있지만 '가운데' 즉 마음 가운데라는 뜻으로도 해석할 수 있습니다. 그러므로 역시 정성이 변하지 않았다는 뜻으로 풀이할 수 있습니다.

셋째, 주역의 괘효사는 상(象)을 말하고 있는데 이 택지췌 괘의 상은 모이는 것이고, 육이는 자신이 구오에게로 가서 모이는 것입니다. 이때 육이는 정성을 다하여 옆에 있는 두 음효를 설득하여 함께 가는 상입니다. 이 때 점의 결과는 그 상과 일치하면 그 점사와 일치하고 그렇지 못하면 점사와 반대입니다. 즉 위에서 말한 것처럼 자신이 주변 정리를 잘 하여 나아가면 길하고 허물이 없지만, 그렇지 못하면 흉한 것입니다. 결국 자신이 하기 나름입니다."

게시판을 통하여 위와 같이 답변해 주었지만 실제로 어떻게 이해하고 잘 적용하였는지는 모르겠다. 다만 이렇게 점을 치고 괘·효사와 연결해 보는 것은 여러 방면으로 생각을 해 보자는 것이다. 주역은 점치는 책이라고 하지만 정작 공자는 점을 치지 않았다. 왜냐하면 처한 상황마다 어떻게 대처하는 것이 옳은지를 이미 알고 있었기 때문이다. 주역의 괘·효사에서 요행이나 편법으로 해서 이로운 것은 단 하나도 없다. 결국 정도(正道)를 굳게 지켜야 이롭다. 그런데 우리는 무엇이 정도인지를 모른다. 그래서 점을 쳐보는 것이다. 그러나 해석은 또 주어진 상황과 괘·효사를 연결하여 정도를 찾아야 한다.

요즈음 사람들의 생각이 자꾸 단순해지는 경향이 있는데, 주역을 공부해서 사고력을 키워야 한다. 주역은 본래 격물치지(格物致知)를 연습하는 책이다. 미래에 닥칠 상황을 미리 상정하여 이리저리 생각해 보는 것이다. 그러면 아무리 앞이 캄캄한 상황이 닥쳐도 그 속에서 한 줄기 빛을 찾아 빠져나갈 수 있을 것이다. 아울러 인성교육을 많이 걱정하는데 주역에서 예시한 것처럼 여러 해결책이 있을 수 있다는 것을 알면 인생에 훨씬 여유가 있게 될 것이다. 또 한 쪽 길이 막혔다고 좌절하여 극단으로 가는 일은 없을 것이다. 주역을 통해 나를 알고 남을 아는 지혜를 얻고, 아울러 나를 닦으며 길을 찾고 기다리는 여유를 가졌으면 좋겠다.

'안전빵' 인생의 점과 낙천안명

이종란

주역이 뭔지 난생처음 들었던 일이 초등학교 다닐 때였다. 보통의 점치는 일과 달리 책을 보고 한다는 거였는데, 신비한 주문이 적힌 마법의 책 사촌 쯤 될 것이라고 여겼다. 이웃 마을에 사는 어떤 분이 한학에 조예가 있었고, 주변에서 그분만 주역으로 점을 칠 수 있다고 알려졌다. 그분은 우리 마을 어느 문중의 비석을 세울 때 비문을 짓기도 했다. 당시 나의 고향마을 사람들은 점을 칠 때 십중팔구 무속인을 찾았고, 가끔은 사주나 관상을 보았다. 그래서 주역으로 점치는 일은 그 일과 달라서 아직도 기억하고 있는지 모르겠다.

그러다가 중학교에 들어가니 교과서에 '사서오경'이라는 말이 등장했다. 그 의미를 조사하는 가운데 주역은 그 가운데 하나의 책이고, 공자가 편집했고, 원래 점치는 책이었다는 사실을 비로소 알았다. 그 마저도 고전의 가르침이나 내용보다 시험에 나온다니까 맹목적으로 외웠다. 그 와중에 당시 정권에서 추진했던 '자유교양대회'의 학교대표로 출전하기 위해 여러 고전을 읽었으나 주역을 읽은 기억은 전혀 없다.

그 후 주역은 까마득히 기억 저편으로 밀려나 있다가, 대학원에서 한국전통철학을 공부하면서 인연을 맺게 되었다. 적어도 주역은 신유학이나 그 이후의 전통철학을 공부하는 사람들에겐 철학적 세계관이나 방법론을 제시하는 책이기도 하였기 때문이다. 그럼에도 불구하고 2014년 한중철학회 주역 강독에 참여하기 전까지는 그저 전통학문의 배경으로서 필요할 때마다 철학적 논리나 방법을 참고하는 것 외는 관심이 별로 없었다.

보통사람들은 주역하면 점을 쉽게 떠올린다. 원래 점치는 책이었으니 당연한 일이다. 사실 나는 이제껏 살아오면서 점을 제대로 친 적이 한 번도 없다. 물론 장난삼아 친 것은 여기에 해당되지 않는다. 초등학교 시절 먼저 간 친구를 뒤따라가다 갈림길을 만났을 때 어느 길로 가야할지 망설이다가 손바닥에 뱉은 침을 손가락으로 쳐서 그 튀는 방향으로 가보기도 하고, 무엇을 할지 말지 망설일 때는 아카시아 잎을 하나씩 떼어내면서 마지막에 남은 잎이 '한다' 또는 '안 한다'에 걸리면 그렇게 하기도 했다. 성공여부는 기억할 수 없다.

청년시절에는 친구들과 유원지에서 놀다가 새 점을 쳐보기도 했는데, 새가 쪽지를 물어 집어내면 그 내용을 보는 것이 그것이다. 또 직장 생활하면서 동료들과 여행을 갔다가 길거리에서 장난삼아 점치기도 했는데, 그때 점을 봐주었던 노파가 내게 '기가 약하게 태어났다'고 하는 말을 또렷이 기억한다.

어쨌거나 가장 최근에 점친 것은 십년 전쯤 S대학교 대학원에서 강의할 때 오랫동안 명리학에 종사하고 있었던 학생이 내게 사주를 알려달라고 해서 그에 따른 점을 전자메일로 받아 본 적이 있다. 그 학생에겐 미안하지만 사실 나는 그 결과에 크게 개의치 않았다. 왜냐하면 나의 사주 가운데 연·월·일까지만 알고 시(時)를 정확히 몰라 대충 말했기 때문이다. 어렸을 때 어머니로부터 들은 적이 있었지만, 자라면서 잊어버렸고 그마저도 어머니가 일찍 돌아가시는 바람에 영영 알 길이 없어졌기 때문이다. 대충 기억하건대 승진 운이 있고, 노년의 전반기는 화려하나 후반기가 쓸쓸하다고 했다. 지금 생각해 보니 승진하거나 화려한 일도 없거니와 노년의 후반기는 요양원에서 병마나 외로움과 싸워야 하니 누군들 쓸쓸하지 않겠는가? 게다가 점을 제대로 치려면 복채라도 후하게 주었어야 했는데 나는 그렇지 못했다.

내가 점을 정식으로 쳐보지 않았다는 것은 나의 삶과 관계가 있다. 나는 일제강점기와 6·25전쟁 등 어려웠던 시기를 살았던 부모님의 교훈에 따라 '안전빵'으로 살 것을 세뇌당하면서 자랐다. 그래도 모험적이고 반항적 기질이 강했던 나의 형들은 '안전빵' 집어치우고 사업을 한답시고 이것저것 일을 벌였다가 실패한 적이 있다. 부모님은 이런 경험 때문에 막내아들인 내게는 유독 그렇게 살라고 주문했는지 모른다. 게다가 망해가며 쪼들리는 집안 형편에 나를 크게 밀어줄 형편도 못되었으므로 교사나 공무원이 되는 길은 정해진 수순이었다.

그런 영향과 한계 때문인지 나는 일단 교사의 길을 걸었다. 그랬으니 사업하는 사람처럼 크게 투자를 하거나 모험했을 때의 성사여부 또는 그 결과를 기다리며, 초조한 마음에 점이라도 쳐보는 그런 일이 전혀 없었다. 마지못해 주식투자라도 해서 요행을 바라는 그런 일도 내게는 사치였다.

더구나 교사라는 직업은 앞날이 뻔히 내다보이는 직종이다. 아이들을 가르치는 일 말고 정상적으로 할 수 있는 일은 승진에 노력해서 관리자가 되든지, 평교사로서 현장교육에 매진하든지, 이도저도 아니면 여가를 이용해 취미생활이나 학문탐구 또는 예술과 봉사활동 등에 참여하는 일뿐이다. 그러니 교직은 '위험한 장사가 크게 남는다'는 속언이 통하는 직업이 아니라서 사업이나 장사하는 사람들처럼 외형적으로 인생이 확 달라질 대운이 있을 수 없다. 각자가 노력한 일에 따라 미래가 뻔히 내다보이는 직업이라 적어도 내겐 점을 쳐야할 일은 없었다.

아무튼 이 말은 교사들이 점치지 않는다고 말하려는 것은 아니다. 사람에 따라 사소한 일을 두고도 점치는 일이 잦다. 배우자의 승진과 자녀의 입시·취업·이사 등과 관련해서 점치는 사람들이 더러 있다. 언젠가 직장동료가 자기 자녀가 어떤 대학에 갔으면 좋겠냐고 문의해 왔다. 내가 이른바 '동양철학'을 공부한다는 말을 듣고 점을 칠 수 있을 것이라 믿었기 때문이다. 그래서 서쪽은 제한되어 있으니 동쪽에 있는 대학에 지원하면 원하는 대학에 가능하다고 일러주었다. 점을 친 것이 아니라 사실이 그랬기 때문이다. 당시 나의 직장은 김포공항 근처에 있었는데 인천과 김포 쪽의 대학들을 제외하면 대한민국의 거의 모든 대학이 그 동쪽에 있었기 때문이다.

이렇게 반 농담으로 말해주었지만, 사실 나는 진인사대천명의 입장이라면 점이 필요하다고 생각해 왔다. 다만 내게 주어진 일들은 절체절명의 큰일이나 어려운 사업도 아니어서, 합리적으로 생각해보면 비록 정확하지는 않더라도 결과를 어느 정도 예측 또는 짐작할 수 있고, 내가 의도하지 않았던 뜻밖의 요행 따위는 기대할 수 없는 처지여서 점을 칠 필요가 전혀 없었다. 나 같은 평범한 '안전빵' 인생은 그렇다. 앞으로도 그럴 것 같다.

주역이 점치는 책인데도 점을 배제하고 읽는다는 것이 세인의 시각에서는 말이 되는지 모르겠으나, 직접 점을 치지 않으면서 주역을 읽는 사람들은 의외로 많다. 사람마다 주역을 보는 관점이 다양하기 때문이다.

나는 한중철학회에서 2014년부터 매주 금요일마다 주역 강독에 참석해 왔으니, 비록 점치는 일은 없지만 주역을 공부하는 관점은 있다. 우선 순수학문의 관점이다. 대부분의 학자들이 이 때문에 주역을 읽는다. 그런데 여기에도 관심의 차이가 있다. 주역을 만고의 진리로 보고 따르는 입장이 있는데, 이것은 일종의 종교적 태도로서 이렇게 보는 사람은 극소수이다. 또 고전 가운데 하나로 보고 많은 사람들이 집단지성을 통해 해석한 책이면서 동시에 당대의 세계관과 인생관이 반영되어 있고 나름의 장점과 한계를 가지고 있어서, 학술적으로 유의미하다고 보는 관점도 있다. 근대 학문의 세례를 받은 학자들은 대개 이 관점을 따르고, 실생활에서 주역으로 점을 치지 않는다. 나도 이 관점을 지지한다.

그런데 순수학문의 관점 가운데는 주역의 해석에 관련된 제반 이론이나 사례를 연구하는 분야도 있다. 주역 그 자체나 그에 관한 역대 학자들의 해석이나 사상을 다루는 역학(易學)의 관점이 그것이다. 깊이 들어가면 분명 나름의 심오한 논리가 있겠지만, 어떤 이들은 그런 논리 자체를 두고 '귀에 걸면 귀걸이 코에 걸면 코걸이'라고 연구자들을 놀린다. 뭐라고 평가하든 나는 거기까지 연구의 영역을 더 넓힐 겨를이 없다.

사실 순수학문의 관심보다 응용학문으로 활용할 주역의 가치는 현대에 와서 더 드러난다는 게 내 생각이다. 요즘말로 말하면 미래예측과 관련이 있다. 점을 치는 목적이 미래를 알기위한 일인데, 주역이 형성될 당시만 해도 첨단이론이었을 것이지만, 오늘날의 미래예측 방법에는 주역이 없어도 가능하다. 그 가운데 하나가 수집된 데이터를 입력하여 컴퓨터로 시뮬레이션 시켜보면 해당분야의 사태를 예측할 수 있다. 적중확률의 수준이 문제이지 불가능한 일은 아니다.

이렇듯 컴퓨터나 인공지능이 있는데 주역이 무슨 필요가 있느냐고 반문하겠지만 그렇지 않다. 미래학자들의 견해에 따르면 미래는 변하지 않는 것이 80~90퍼센트이고 변하는 것이 10~20퍼센트라고 한다. 세상사는 이미 대부분 정해졌다는 뜻이다. 가령 인간은 때가 되면 죽고, 심으면 거두고, 칼로 흥한 자는 칼로 망하고, 권불십년이 되는 것도 정해진 미래라고 한다. 미래도 어쩔 수 없이 법칙이나 이치를 따르기 때문이다. 주역의 내용 가운데는 이렇듯 이미 정해진 원리가 많다. 예컨대 혁괘(革卦䷰)에서 혁명 또는 변혁이 성공하려면 사람들의 신뢰를 얻어야 한다는 것, 그 신뢰를 얻는 것도 약간의 시일이 걸린다는 것, 혁명의 대세 앞에서는 그것을 반대하는 소인들도 적어도 겉으로는 얼굴빛을 바꾼다는 것 등이 그것이다.

이처럼 주역은 64개의 괘와 384개의 효에서 나름의 이치를 말해주고 있다. 여기다 주역해설가들이 말한 것까지 포함시키면 헤아릴 수 없을 정도의 사리를 포함하고 있다. 어떤 고전이 상황에 따른 사리를 이렇게 많이 정리해 두었는가?

그 상황을 달리 포현하면 문제 사태이고 그 사리나 대처 방식이 솔루션이라 할 수 있는데, 주역은 실로 창의적 문제해결의 보고라 할만하다. 정치학·경영학·행정학·교육학·윤리학 등의 학문과 예술분야에서 응용할 수 있는데, 문제는 그걸 현대적 상황에 맞게 적용하여 해석하며 인사를 종합적으로 이해하고 통찰하는 안목이 필요하다. 나는 주역의 이런 면에 줄곧 관심을 가지고 있고 시간과 건강이 허락한다면 나름의 주제에 맞게 기준과 방법을 정리하고 싶다.

그렇긴 해도 주역에 대한 나의 특별한 관심은 따로 있다. 이것은 인문학자만이 아니라 종교인들도 갖고 있는 것으로서 깨달음에 대한 실천의 문제이다. 이는 주역을 의리(義理)의 관점에서 풀기 시작했던 북송의 철학자 정이(程頤, 1033~1107)의 학문방법과도 통하는 것으로, 나의 삶과 주역을 연관 짓는 문제이다. 사실 나는 불경이나 기독교 성서처럼 주역도 중요한 고전 가운데 하나로서 인생의 보편적인 방법이나 가치를 지니고 있다고 믿는다. 비록 시공을 초월한 만고불변의 진리가 담긴 경전으로만 보지 않더라도 그러하다. 다수의 고전이 그렇듯이 주역도 집단지성을 통해 나름의 지혜를 함유하고 있기 때문이다. 게다가 주역은 불경이나 성서보다는 내게 더 친숙하고 낯설지 않다. 그래서 주역을 내 삶을 위한 교과서로 활용하려고 한다.

그런 관심에서 평생 살아온 길을 되돌아보면 내 뜻대로 된 일도 많았지만, 내가 해결할 수 없었던 일도 꽤 있다. 후자 가운데에는 나의 출신 배경과 신체적 한계와 함께 보통 사람들이 불행한 일이라고 여길 정도의 불운도 껴안고 산다. 그 문제가 고민해서 또는 노력해서 해결될 것 같으면 천 번 만번이라도 시도했겠지만, 더 이상 나의 의지와 무관한 것은 고민하지 않기로 했다. 아니 결과가 바뀌지 않는다면 고민하지 않는 것이 합리적일 수 있다. 이런 타증불고(墮甑不顧)식의 태도는 철학을 공부하면서 터득한 나름의 지혜로서 늘 그렇게 살아왔다. 이런 사정을 모르는 내 아내는 일이 닥치면 같이 울고 웃고 해야 하는데, 그처럼 냉담하고 인정 없어 보이는 나를 야속하고 냉혹한 인간으로 여기는 것 같다. 말다툼이 있을 때 가끔 이렇게 지적한다. 그러나 구차한 변명 같아서 그 까닭을 말하지 않았다.

나의 노력으로 어찌 할 수 없는 일이나 상황은 내게 주어진 운명이다. 그런 운명을 두고 즐기고 편안히 여기는 논리가 주역에 있다는 것을 알았을 때, 내 인생의 훌륭한 변호인을 만난 기분이었다. 바로 곤괘(困卦䷮)의 괘사를 정이가 해석할 때 말한 '낙천안명(樂天安命)'이 그런 류이다. 이는 하늘의 명을 즐기고 편안히 여긴다는 뜻인데, 나는 여기서 명이란 인간의 의지로 어찌할 수 없는 자연법칙이나 원리 또는 개인의 입장에서 볼 때 각자가 어찌할 수 없는 처지나 운명이라 생각한다. 원래 이 말은 「계사전상」 4장에 등장하는 "천명을 즐기고 아니 근심하지 않는다."에서 가져온 말이다.

여기서 천명을 알고 근심하지 않는 수준에서 더 나아가 그것을 즐기고 편안히 여기는 능력을 갖추는 일이 내가 바라는 욕심이다. 흔히 사람의 성격을 말할 때 영어의 'optimistic'라는 말을 옮겨 낙천적이라는 말을 쓰는데, 주역의 낙천은 이보다 훨씬 의미가 깊어 단순한 성격의 차원을 넘어서 수양의 문제와 직결된다. 아무튼 나는 내 운명을 즐기면서 편안하게 여기는 수준에는 아직 이르지 못했지만, '피할 수 없으면 즐기라'는 해병대 모토처럼 살려고 노력하고 있다.

그런데 여기에 하나의 큰 문제가 있다. 그 천명은 개인의 운명도 포함될 수 있지만 외연이 무척 넓다는 점이다. 자칫 천명을 자의적(恣意的)으로 해석할 위험성이 있다. 결국 천명을 아는 데는 인식의 문제가 전제되고, 그 때문에 철학사에서 여러 학파가 생겼으며 그에 대한 다양한 해석이 있다. 뭐라고 해석하든 나는 과학에 부합하면서 합리적인 입장을 지지한다.

별 수 없이 천명을 이해하는 문제는 각자가 따르고 지향하는 철학에 달려있다. 공자의 제자 안회(顏回)가 곤궁한 처지에도 불구하고 줄곧 안빈낙도의 삶을 유지한 것은 그가 따르는 도가 있었기 때문이다. 하지만 나는 아직도 신뢰할 수 있는 철학을 만나거나 나의 삶을 통해 이렇다 할 도를 구축하지 못했다. 그래서 낙천안명을 제대로 누리지 못하고 있다. 그날이 오면 아침에 깨닫고 낮에 글 쓰고 저녁에 죽어도 좋다. 설령 내가 바라는 대로 세상이 털끝만큼도 변하지 않는다고 해도 어쩔 수 없다. 그 일을 위해 주역 같은 고전의 도움도 적지 않을 것이다.

제3부
깨달음과 실천

조금 지나치게 공손해야

최인영

불교와 기독교를 비롯하여 많은 종교들은 교주의 지혜로운 말씀을 중심으로 삶의 현장에서 생각하고 배우며 따라가려 한다. 반면에 주역은 인간 세상의 잡다한 일을 자연과 밀접한 의미 속에서 풀어나가는 지혜로움을 배울 수 있는 책이자 학문의 영역에 속한다. 상괘의 뇌괘(雷卦☳)와 하괘의 산괘(山卦☶)가 만난 괘를 소과(小過卦䷶)라 하니, 산과 우레가 만난 이 뇌산소과괘(雷山小過卦)는 64괘 가운데 62번째이다. 서괘전에서는 61번째 풍택중부괘(風澤中孚卦䷼) 다음에 소과괘가 오는 이유를 "중부(中孚)의 돼지와 물고기까지도 믿게하는 믿음을 두는 사람은 반듯이 실행하기 때문에 다음으로 소과괘를 둔다."라고 했다.

소과괘 다음에 수화기제괘(水火旣濟卦䷾)가 오는 이유로 "지나야 하는 물건이 있는 사람은 반드시 건너기 때문에 기제괘를 두었다."라고 했다.

그렇다면 중부괘와 기제괘 사이에 소과괘가 있는 것은 믿음을 두면 반드시 실행하기 때문이고 실행해야 만이 뭔가를 이룰 수 있기 때문에 실행이 없다면 이룰 수 있는 것은 아무것도 없다는 것이다. 또한 소과괘 다음은 기제괘·64괘가 끝나는 수화미제괘(火水未濟卦䷿)가 오는데 이 기제괘의 이룸과 미제괘의 먼 미래 사이를 이어주는 것은 오로지 실행뿐이라는 사실 또한 나타내고 있다.

그리고 대상전에서 말하길 "군자는 이를 본받아 행실은 조금 지나치게 공손하게 해야 하니, 초상난 곳에선 조금 지나치게 슬퍼하며 쓰는 것은 조금 지나치게 검소해야 된다." 라고 한다.

괘명을 '소과'라 한 것은 '작은 것이 지나쳐서 형통한 것'이기 때문이라 한다. 괘 내의 효는 양효[─]가 둘, 음효[--]가 넷이므로 음효가 두 배로 많은 괘이다. 양은 본래 크다는 개념으로 해석되고 음은 작은 것으로 해석된다. 아래·위 두 개의 많은 음효가 가운데 두 개의 적은 양효를 에워싸고 있으니 이는 지나치게 많은 작은 것이 적은 큰 것을 압도하고 있는 형상이다.

우리의 일상은 아마도 큰 것을 이루는 작은 지나침을 간과하며 지내는 연속선상에 있다고 할 수 있다. 산위에서 치는 우레는 아주 짧은 순간에 잠깐 천지를 진동시키며 지나가니 길게 이어지지 않으며, 번쩍거리는 번개도 역시 눈 깜짝 사이에 흔적 없이 사라질 뿐이다. 이렇듯 산위의 우레라는 자연의 소산물이 우리에게 전하는 메시지는 순간 지나가지만 만물에 끼치는 영향은 매우 지대하므로, 소홀히 하지 말라는 것과 지금 맞이하는 모든 것들은 순식간에 지나간다는 것을 더불어 전하고 있다. 그러므로 이 괘는 두 개의 양효[ㅡ]가 음효[--] 넷을 이끌어 가는 괘상(卦象)이며 또 가운데 두 개의 양효를 길게 늘여 강을 건너는 다리 모양으로도 상상하곤 한다. 이러한 내용에 걸 맞는 재미있는 고사가 있다.

옛날 공자가 열국(列國)을 주유(周遊)할 때 송나라 국경에 이르러 이 괘를 얻었다. 과연 환태(桓魋)가 살해를 음모하기에 미복으로 갈아입고 급히 다리를 건너 송나라를 빠져나왔으니 이 상(象)과 같다고 하겠다. 그러나 "자신을 보호하며 지나가야지 방심하면 무사하지 못할 것이다."라는 말을 빼놓지 않고 있으니 즉 이 괘를 얻으면 지체하거나 미루지 말고 당장 시행하라는 말이기도 하다.

소과괘의 의미를 네 글자로 요약한다면 '행과호공(行過乎恭)'이다. 이는 조금 더 공손하게 낮추어 하라는 말인데 적당하게 하다 보면 큰 결례를 범할 수 있기 때문이다. 여기서는 작은 지나침의 '공손·공경'이 위대한 순간을 만들어 내는 때를 말해 보고자 한다. 슬픈 일에는 조금 더 슬퍼해야 상대의 마음을 좀 더 편안하고 흡족하게 느끼게 할 수 있으며, 쓰는 것은 조금 더 알뜰하게 검소하게 해야 아껴서 남는 것이 있을 것이며, 불편한 사람을 도울 때는 조금 더 정성스럽게 친절하게 도와야 된다는 이 의미는 공경·공손을 행할 때 조금 더 낮추어 해야 진정성이 전달된다는 말이기도 하다. 내가 생각하기에 작은 지나친 실행은 '정성'이 되고 작은 정성이 모이고 모이면 큰일도 해낼 수 있다는 말이 아닐까 한다. 작은 것의 소중함과 지대한 공로를 말하고 있는 것이다.

오래전 아이들이 학교에 다닐 때에 나는 학부모로 장애인 복지센터에 도우미로 참여할 기회가 있었다. 장애인 센터는 신체적·정신적 불균형으로 인하여 사회생활을 원만하게 할 수 없는 사람들이 모여 사는 곳으로 관심 있는 개인들이나 시민단체·국가기관의 도움을 받으며 유지해 가고 있는 곳이었다. 이곳에 오는 도우미들은 조금 장애 또는 심각한 장애를 안고 살아가는 사람들을 도와주러 왔다. 그러면서 갈 때는 마음 한구석 뿌듯함을 담아가곤 한다. 도와주고자 하는 마음은 아름다운 마음씨다. 모두 다 아름다운 마음씨의 소유자로서 여기 온 만큼은 아름다운 시간이 되고자 하는 바람이 있다.

모여서 하고 있는 모양새는 재잘재잘·속닥속닥 그리고 끝없이 끄덕거리며 조아리는 것이 쪼아대며 비비대는 새 무리들을 연상하게 한다. 소과괘 단전에서는 새를 말하고 그 괘상을 나는 새 모양에 비유 하였다. 가운데 두 개의 양효[═]는 새의 몸통이 되고 상하 두 개의 음효[☷]는 새의 양쪽 날개가 된다. 그 괘상의 길흉은 새가 높게 날면 흉하고 새가 아래로 내려오면 길하다고 말했으니, 그 이유는 위로 높이 날면 궤도를 벗어나 돌아올 줄 모르고 서식할 곳이 없기에 막심한 흉을 만난다 하였고, 아래로 내려오면 산에서 편히 서식할 수 있는 곳을 만날 수 있으므로 크게 길하다고 한 것이다.

소과 괘의 행과호공에는 도와주는 한가한 입장이 아니라 불우한 이웃에 봉사할 때는 지나칠 정도로 몸과 마음을 낮추어 공손하게 하라는 의미가 있다. 어려운 이웃을 돕고자 할 때는 부모와 같이 높이 받들어 섬기듯 하라는 좀 더 적극적인 메시지가 들어 있다는 말이다. 통상적으로 '너, 슬프구나!'가 아니라 진심으로 슬픔을 알고 있는 표정과 슬픈 눈을 하고서 말하라는 것이고 '너, 정말 힘들겠구나!'가 아니라 그 무거운 짐을 나도 함께 나누어지겠다는 진지한 의사를 담아 말하고 실행하라는 것이다.

이런 태도는 아주 작은 오해가 거듭 쌓여 목숨 거는 투쟁으로 확대되는 경우를 미리 예방하는 지혜가 된다. 특히 가깝고 친한 사이에 "너 내가 어려웠을 때 제대로 된 위로의 말 한마디 해준 적 있어? 없잖아!"라며 서운해 할 때 "내가 언제 안했어? 했잖아! 얼마나 해야 돼?"라고 말한다면 일단

상대의 뼈아픈 속사정에 비해 대충 적당하게 대한 것이 된다. 이렇게 무심코 스치는 횟수가 거듭될수록 서로가 깊은 상처의 늪으로 빠져들게 되므로 작고 가벼운 것의 중대성을 동시에 말한다.

이는 크게 지나치다는 택풍대과(澤風大過卦☰)와는 사뭇 다르다. 큰일을 당한 사람 앞에서는 표정이나 몸짓으로 그 일의 놀라운 당황을 누구나 알기 쉽게 나타낼 수 있지만 대수롭지 않게 지나칠 수 있는 가벼운 순간의 중요성을 소과괘는 살피며 살라는 것이다. 하는 당사자는 그냥 하는 대로 한다고 하지만, 상대의 입장에서 흡족하기는커녕 매우 심각한 상황을 만들 수도 있기 때문이다. 때로는 이러한 지적들이 소심한 면이나 조금은 자잘한 면으로 치부되어 그런 것까지 어떻게 생각하며 사느냐고 하지만, 그 세심한 작은 치유로 인하여 삶의 의욕을 충만하게 하는 힘이 될 수도 있기 때문이니, 어쩌면 작은 것도 크게 생각하라는 뜻이 아닐까 한다.

이렇듯 행과호공은 보이는 만큼 해낸다는 것이 아니라, 몸을 좀 더 구부리고 말을 좀 더 부드럽게 정성을 지극하게 해서 해냄으로부터 시작된다. 이 모습은 저자세의 모습이다. 현실에 순응해서 저자세로 일관하는 모습이야말로 공손하게 공경하는 실행이다. 적당하게가 아니라 상대가 충분히 만족해 할 수 있도록 확실하게 존중하라는 그런 작은 지나침을 말한다.

반면에 자신이 장애인들을 돕기 위하여 도우미로 왔다고 자랑하려 한다면 이거야 말로 우스꽝스런 모양새가 아닌가? 장애가 있어 어려운 사람들 앞에서는 몸과 마음을 더욱 낮추어야 한다. 웃어른들을 섬길 때 공손하게 공경하는 것보다 장애인을 도울 때 더욱 낮추어 세심하게 보살피며 섬겨야 한다는 것이다. 소과괘의 행과호공은 이러한 소외된 몸과 마음을 대할 때의 마음자세를 가리키며 조금이라도 도와주는 입장이라는 오만으로 인하여 자신도 모르는 사이 자랑하는 마음으로 뻣뻣한 자세가 나오지 않도록 주의를 기울이란다.

뻣뻣한 자세의 공손하지 못한 모습을 경계하는 소과괘는 40이 넘은 나이에 나를 철들게 했다. 장애인들이 살던 그곳은 20년이 넘어가도 가장 잊지 못하는 광경으로 지금도 나의 뇌리에 사진처럼 찍혀 있다. 눈·코·귀는 매우 작은데 비하여 양쪽 귀밑까지 열린 입만 왕창 큰 기형아를 본 것이다. 내가 보기엔 이제 겨우 신생아를 지난 아이 같았는데 8살 난 아이라 했다. 보모가 가슴에 찰싹 붙여 안고 그 큰 입을 어른들의 큰 숟가락으로 죽을 한가득 떠서 연거푸 채우고 채우며 밀어 넣는데 삼킬 수 없어 옆으로 흘러내리는 죽이 아기와 보모의 가슴팍을 적시고 있었다. 손으로 만졌다간 쩍쩍 붙어 감당하지 못하므로 손을 댈 수 없으니 흥건한 손수

건으로 또 적시고 훔치며 제발 좀 삼켜 달라고 어르고 달래고 사정하면서 밀어 넣는 모습은 그냥 살아있는 생명의 숭고함을 보여주는 진풍경이었다. 그냥 축 늘어져 있는 아기는 삼킬 수 있는 턱과 목의 근육을 갖고 있지 못하여 어떻게 해 볼 도리가 없으니 밀어 넣을 수밖에 없었던 것이다.

이 광경을 보면서 우리는 어쩌다 한 번씩 와서 도와주는 입장이지만 기저귀를 개고 있는 센터 소속의 보모는 언제나 많은 날들을 아기를 안고 아기를 살리고자 사투를 벌이며 밀어 넣고 있을 것을 생각하니, 참으로 존경스럽지 않을 수 없었고 보모를 향해 끝없이 낮아지는 나의 체험 시간은 서로 손잡고 서슴없이 사정하며 사정하던 귀한 시간이었다. 여기 이 공간은 입으로 모이를 물어다 주고 건네주며 쪼아 먹이는 단란한 새들의 공간이요, 하염없이 낮은 곳으로 스스로 내려가는 아름다운 새들의 서식지였다.

나는 주역을 배우며 소과괘를 마주 했을 때 지난날의 그 광경이 머릿속에 떠올라 아! 행과호공이 바로 이 뜻이었구나! 깜짝 놀라며 싸하게 뇌를 감싸는 미세한 청량함을 느끼는 바로 그 순간을 맞이하였다. 아름다운 새가 아래를 향해 내려가는 괘상과 험한 강을 건너게 하는 가운데 두 개 다리 모양의 양효(陽爻＝) 그리고 실행을 중심에 두고 믿음과 이룸 사이를 이어주는 행과호공이라는 뇌산소과 괘의를 보았을 때 추상적 비유지만 주역의 높은 현실 인식을 만날 수 있었던 것이다. 무슨 일이든 생각만 하고 실행에 옮기지 않으면 탁상공론에 불과해진다. 실행은 말과 생각을 현실적으로 부각시키고 나타내는 작용을 하니 실행이 없이는 아무것도 되는 것이 없다. 특히 자신조차 가눌 수 없는 우리들 주변의 불우한 사람들을 위한다는 것은 말로만 생각으로만 되는 것이 아니다. 온전한 몸가짐으로 태어났음을 감사하게 생각하고, 그런 행운을 가지지 못한 사람을 위하여 도움이 될 수 있다면 우리는 행동해야 한다. 행동하면서도 다소 지나치더라도 공손한 마음가짐을 잊어서는 안 될 것이다.

　지난날 나의 경험을 이야기 했지만 우리가 살아가는 데 공손한 행동은 모든 일에 합당할 것이다. 왜냐하면 정성이 들어있기 때문이다. 주역을 단순히 점치는 책이라고 말들 하지만 길흉에 대해 막연하게 이렇다 저렇다고 말하는 것이 아니라, 길하면 길한 대로 흉하면 흉한대로 거기에 합당한 까닭이 있고 과정이 있다. 소과괘 역시 위로 오르면 흉하고 아래로 내려오면 길하다는 근거를 분명히 밝히고 있으니, 사람은 몸을 낮춰 공손으로 공경하는 마음을 가질 때만이 편안하게 앉아서 쉴 수 있는 곳이 있음을 나타내고 있다. 흔히 주역을 점치는 책이라 치부하는 면도 있지만, 공부하는 학도들은 철학적으로 온당한 행동의 기준이 어디에 있는가를 찾되 괘와 괘에 따른 효마다 마땅한 마음가짐과 행위를 탐구해 들어간다.

더구나 주역은 미래를 위하여 오늘의 몸과 마음을 바로 하고 있는지 스스로 자신을 점검하게 한다. 자신을 돌아보며 바른 마음을 끝없이 요구하고 자신의 내면에 바른 몸가짐을 주입하면서, 알맞음[中]을 추구하고 바름[正]을 실천하고자 하는 것은 누구에게나 필요한 미래를 위한 유비무환의 자세일 것이다. 대박을 터뜨리는 기쁜 경사나 행운을 기다리는 마음으로 공부하는 것이 아니라, 미래를 위하여 바른 기준을 탐색하고자 하는 학습이 주역을 공부하고 있는 학도들의 목표 가운데 하나가 아닐까 한다. 사실 나쁜 괘란 없다. 바르게 하면 길하니까. 그러나 어떻게 해야 때에 맞게 바르게 하는 건지 모를 때가 있으니, 주역에 물어 볼 수밖에 없지 않겠는가?

주역을 찬탄한 공자가 「계사전」에서 "주역은 부모와 스승과 같이 일러준다."고 했으니 말이다.

죽음의 공포로부터

이종란

살다보면 근심 걱정 없는 사람이 어디 있겠는가? 본인과 배우자의 건강, 직장일과 사업, 노후나 자식의 장래, 하다못해 환경이나 공동체의 미래 등을 우려하기도 한다. 가난한 사람들은 먹고 살 일을 근심하고, 부자들은 가진 것이 많은데도 더 가지려고 고심한다. 인간이 존재하는 한 그런 것들로부터 완전히 해방될 것 같지는 않다.

이런 근심이나 걱정이랄까 두려움은 각자의 지적 성숙이나 인식수준에 따라 그 강도와 깊이가 다를 것이다. 여러 고전이나 종교의 가르침을 종합하면 그런 점을 쉽게 발견할 수 있다. 한 인간을 놓고 볼 때도 성장과정에 따라 그 우려나 두려움에 대한 대상의 차이도 있고, 또 그것으로부터 벗어날 길이 없는 것도 아니다.

초등학교 다닐 때 나는 전쟁의 두려움을 자주 느꼈다. 그 시절 느꼈던 두려움의 대상은 주로 제2의 6·25나 제3차 세계대전 등의 전쟁이었다. 전쟁이 나면 어디로 피난 가서 숨을지 아이들 사이에 자주 거론 되었다. 숨기 전에 주인이 피난가고 없는 구멍가게에 가서 과자나 털어 가지고 가겠다는 영악한 아이도 있었다. 그것만이 아니다. 인민군에게 쫓겨 도망가던 꿈을 자주 꾸며 가위눌렸던 적이 한두 번이 아니다. 불행이도 이런 꿈은 성인이 된 뒤에도 종종 재현되었는데, 아마도 당시 여러 매체를 동원하여 지나칠 정도로 강요했던 반공교육의 여파일 것이다.

이 같은 두려움을 일반화시킬 수는 없지만, 이것은 적어도 나와 같은 시기에 유년기를 보냈던 아이들이 겪었던 악몽일 수 있다. 얼마 전 중국에서 오랫동안 직장생활을 하고 있는 지인으로부터 중국 관영매체에서 전쟁과 관련된 내용을 자주 방영한다고 들었는데, 이 또한 중국 당국의 의도를 엿볼 수 있는 점이기도 하지만, 감수성이 예민한 아이들에게 모종의 공포심을 잠재의식 속에 심어주지는 않을지 모르겠다.

좀 자라서 청소년이 되니 머리가 커졌다고 그런 전쟁의 두려움이 완전히 가시지는 않았지만, 그 연장선에서 죽음의 공포가 엄습하였다. 그때까지만 해도 나는 죽음이란 천당과 지옥 같은 것이 있다고 생각하지 않고, 과학적으로 봤을 때 동물이나 식물처럼 죽으면 그 개체가 끝이라고 믿었다. 다시 말해 내가 죽으면 영원히 없어진다는 생각에 소름이 돌았다.

그 공포감에 압도당하여 교회에 출석하기 시작했다. 물론 교회에 다녔던 동기가 그것만은 아니었을지라도, 그것이 핵심 동기였음을 고백하지 않을 수 없다. 다행이 그 문제를 비롯해 여타 다른 근심과 걱정은 눈 녹듯이 사라졌다. 왜냐하면 나의 근심과 걱정을 하느님께 모두 맡기는 믿음이 있었기 때문이다. 이점은 어떤 종교든 그 진리성과 상관없이 강력한 실용성을 갖고 있다는 방증이다. 그래서 아직도 종교가 건재한지 모르겠고, 앞으로도 그런 문제로 추종하는 사람들이 있는 한 종교는 계속 살아남을 것이다.

참으로 알 수 없는 일이었다. 종교가 주는 위안과 내세에 대한 보상도 반항하는 청년기의 내 영혼을 줄곧 교회 안에 가두어 두지 못했다. 편안한 안식보다는 불안하더라도 영혼의 자유가 더 그리웠는지 모른다. 이십대 후반이 되면서 좀 더 자유로운 종교생활을 추구하다가 삼십대를 넘어서는 아예 제도적 종교와는 담을 쌓고 말았다. 물론 이 시기는 내가 본격적으로 철학을 공부하게 된 때와 겹친다.

여기서 특정 종교를 비판하거나 문제점을 거론하고 싶지는 않다. 다만 해당 종교의 세계관과 과거의 어떤 시기에 탄생했던 신학을 도무지 받아들일 수 없었다. 나는 지금도 그렇지만 그때까지만 해도 자연과학의 성과를 지지하고 받아들었다. 비록 과학이 아직까지 완벽하지 않고 이론을 보완·수정하더라도, 그 성과를 결코 외면할 수 없다. 쉽게 말해 생물진화론이나 우주의 진화 등은 지구의 환경과 지상의 만물이 형이상학적으로나 신의 머릿속에 미리 정해져 있지 않았다는 것을 말해주기 때문에, 그것과 배치되는 신학이나 철학적 견해를 따르지 않는다. 그런 신학이나 철학적 이론이 왜 등장하였고 어떤 역할을 했는지 공부하는 것과 그것을 내 삶의 중요한 가치나 원칙으로 받아들이는 것과는 별개의 문제이기 때문이다.

그렇다면 이런 과학적 사실들이 나를 죽음의 공포로부터 해방시켜주었는가? 결코 그렇지 않다. 그것들은 잘못된 신념을 극복하는 데 필요한 근거자료를 제시해주었지만, 그 자체가 그런 역할을 할 수도 없었다. 과학은 세상이 고정된 것은 없고 항상 변하고 있으며 영원한 실체는 없다는 점을 말해준다. 만물은 변화하는 가운데 펼쳐지는 과정일 뿐이다. 불교식으로 말하면 제행무상이자 제법무아이다. 과학이 근거하는 입장에서 굳이 존재하는 실체를 말하자면 물질 또는 기(氣)일 수 있겠다. 그러니 그 변화는 피할 수 없는 숙명이다.

사람들은 대개 모든 게 변화하고 실체가 없다는 생각에 이르면 허무를 느낄 수 있다. 이것은 애당초 내가 겪었던 공포 곧 내가 생물학적으로 죽으면 그때부터 내가 사라진다는 관점과 별반 다르지 않다. 유가들은 현실생활에 등장하는 인류의 문제를 가지고 일찍이 도가나 불교가 허(虛)와 무(無)를 숭상하여 인간사를 초월해 있다고 비판하지만, 사실 인간의 윤리도덕도 과학적 세계관의 입장에서 보면 영원한 것이 아니므로, 이 또한 본질적으로 허무한 것과 동일하다. 단지 윤리도덕은 인류가 존속하는 과정상에서 의미가 있을 뿐이지, 허무하다는 점은 또한 피할 수 없는 숙명이다. 개체생명의 입장에서 보면 이 허무 또한 실존적 공포이다.

그렇다면 이 실존적 공포를 느끼는 주체가 누구인가? 공포나 두려움은 심리상태이므로 바로 몸을 지니고 생각하는 개체일 것이다. 그럼 그 개체로서 나는 누구인가? 나는 30대 초반에 기독교를 떠나기 시작하면서 이 문제를 심각하게 고민해 보았다. 그것은 당시 우리 동네에서 내가 다니던 대학원까지 지하철이 없던 시절, 한 시간 이상 버스로 통학하면서 그 안에서 사색을 통해 이루어졌다.

우선 나의 몸을 살펴보았다. 외모와 체구는 부모로부터 물러 받은 것이고, 살과 뼈와 피는 먹은 음식으로부터 왔으니 육체의 어디를 따져 보아도 본래 내 것이 아니었다. 육체는 시간에 따라 변하므로 어느 때가 나의 본 모습이라고 말할 수도 없다. 나아가 나의 생각과 능력은 내 것인가? 성격은 부모로부터 물러 받은 후 학습을 통해 보강·교정되었고, 지식과 교양은 교육과 경험을 통해 획득하였으며, 능력은 훈련을 통해 연마한 것이다. 애초부터 내가 갖고 있었던 것은 아니다. 생명 또한 부모님이 주지 않았더라면 존재하지도 않았을 것이다. 더구나 지금의 내가 십년 후나 또 노년의 나와 동일할 것이라고 확신할 근거도 없다. 몸도 마음도 변하기 때문이다.

아! 본래부터 내 것이 아니었고 부모가 준 생명의 씨앗과 그것을 자라게 하는 조건으로서 여러 가지 인연에 의하여 형성된 그것이 바로 나였다. 육체와 그 꽃인 정신으로 잠깐 존재하는 과정에 있는 그것이 나였다. 본래 없었던 나이니 결국 인연이 다하면 그것이 무엇이든 원래 상태로 되돌아 갈 것이다. 과학과 합리적 입장에서 볼 때 이것이 나의 본 모습이었다.

아, 거부할 수 없는 만물의 운명! 사람이 인위적으로 자살을 통해 미리 원래 상태로 되돌아가지 않는 이상, 현재 있는 나를 원래부터 없었던 나로 여기고 사는 것 그것이야말로 이런 운명을 받아들이는 일이 아니겠는가? 이제껏 이 육체 속에 갇혀서 나라고 여겼던 자아를 무화(無化)시키는 것이야말로 나를 죽이는 길이리라. 그래야만 죽음이 억울하지도 무섭지도 않을 것 같았다.

이렇게 살려면 욕심 없이 한없이 낮아지고 겸손해야 한다. 내가 천당이나 극락에서 영원히 살 것이라는 세속적 욕망을 포기해야 한다. 죽어서 천당 가고 지옥 가는 그런 나는 실제로 없다. 있다면 그것은 살아있는 육체가 인식하는 심리적 믿음 또는 깨달음의 세계일뿐이다. 따지고 보면 내가 여러 관계나 인연을 통해 생겨났으므로, 그 관계나 인연을 낳는 세계 곧 모든 생명과 우주 그 자체가 나의 본래 모습이었다.

생각이 여기에 미치자 이제껏 나를 엄습해 왔던 죽음의 두려움 곧 세속적 자아의 소멸에 대한 공포가 눈 녹듯 사라지기 시작하였다. 그전까지 내가 느꼈던 죽음에 대한 공포의 실체는 육체에 갇힌 현실적 자아가 영원하기를 바라는 욕심에서 기인한 거였다. 그것을 내려놓으면 만물이 처음부터 하나였고 죽은 뒤에도 그러하다는 점은 분명해진다.
하지만 이런 생각은 어디까지나 관념의 유희일 뿐, 세속적이고 육체적인 욕망을 벗어나 모든 생명과 우주와 하나 되는 실천적 자아를 여태 형성하지 못했다. 사람이 죽으면 그만이라는 과학적 생각을 수긍하는 것도 실은 부자들과 나보다 백배나 잘나고 유능한 사람과 영웅호걸까지도 예외 없이 결국 그렇게 된다는 사실로부터 내가 죽는다는 것이 그나마 덜 억울하다고 느끼는 작은 위안에서 나왔는지 모른다. 더구나 나는 길가다가도 구걸하는 거지에게 만 원짜리 지폐 한 장 선뜻 내주지 못하고, 길거리에서 기부금을 모집하는 사람들을 보고 후원한 돈이 필요한 사람에게 온전히 전달될까 의심하곤 한다. 그나마 달마다 계좌에서 겨우 소액이 빠져나가기는 것을 허용하고 있는 것도 큰돈이 아니기 때문이다.

어쩌면 이것은 당연하다. 그런 깨달음을 통해 자아를 초월하여 모두가 하나 되는 실천적 삶으로 나아가려면 수행(修行)이나 수양(修養)이 뒤따라야 하지 않겠는가? 나 같은 범인들은 깨달음이 있다고 해서 바로 실천할 수 있는 능력이 곧장 생기는 것이 아니기 때문이다. 내 자아는 여전히 육체의 욕망에 갇혀 살고 있었다. 다만 이런 깨달음이 적어도 젊은 시절 죽음의 두려움에서 벗어나는 계기가 된 것만은 확실하다.

아무튼 삶을 되돌아보면 나는 아직도 나를 완전히 죽이지 못하고 있다. 이전보다 덜 하기는 하지만 아내에게 서운한 말을 할 때도 종종 있다. 아내의 생각과 판단이 예전 같지 않아서 나도 모르게 짜증과 분노를 일으키곤 한다. 사람이 늙어 가면 모든 기능이 쇠퇴하는 것은 당연한 일인데, 짜증을 내고 분노한다는 것은 아직도 나를 죽이지 못하고 있다는 반증이다. 그것만이 아니다. 공원에서 애완견의 배설물을 무심코 밟는 경우나 자신의 정치·종교적 견해를 강요하는 사람들을 보면 속으로 울화가 치밀면서 무척 불편하다. 평소 애국자로 자처하지는 않아도 일본 우익 정치인들의 생트집과 망언을 들을 때면 끓어 오르는 분노를 참을 길이 없다.

그런 사람들마저도 생명 전체의 입장에서 보면 껴안아야 하는데, 나는 나를 죽이려고 하면서도 아직 거기까지 도달하지 못했다. 예수가 '원수를 사랑하라'고 한 말도 그저 듣기 좋으라고 한 말이 아닐 터, 내 자신이 새사람으로 거듭나기에는 아직도 멀게 느껴진다.

나는 지금도 불현 듯 일어나는 분노를 징치하거나 욕망을 틀어막는 데 미숙하다. 머릿속으로 만물이 하나라고 여기면서도 내 생각이나 입장과 다른 사람을 껴안기는커녕 내심 분노를 일으키며, 불쌍한 사람들을 선뜻 도와주지 못하는 작은 욕심마저 막지 못한다. 깨달음은 있으나 실천이 안 되고 있다.

평생 이 문제를 화두처럼 여기고 살아왔는데, 어느 날 주역의 손괘(損卦䷨)를 읽으면서 "산 아래 못이 있는 것이 손(損)이니 군자가 그것을 본받아 분노를 징계하고 욕심을 막는다."라는 공자가 남겼다는 대상전의 글을 읽게 되었다.

손(損)의 대체적인 뜻은 '손실'과 함께 '덜어내다'는 뜻이 있는데, 정이(程頤, 1033~1107)는 그 뜻을 풀이하면서 "자기 몸을 닦는 길에 있어서 마땅히 덜어내야 할 것은 오직 분노와 욕심뿐이다."라고 지적하였고, 주희(朱熹, 1130~1200) 또한 "군자의 수신(修身)에서 마땅히 덜어내어야 할 것은 이보다 절실한 것이 없다."라고 하여 정이의 말에 동의하였다.

'아! 그 옛날 성현들도 이 징분질욕(懲忿窒欲)이 얼마나 힘든 일이기에 이렇게 강조했을까?'

라는 생각이 들자, 내심 평생 이 문제에 화두처럼 매달린 것이 다소 위안이 되었다. 더 나아가 지금의 자아를 유지하면서 영원히 살고자 했던 한 때의 생각도 무지에 따른 부질없는 욕심임을 깨닫게 되었다. 반면에 이런 분노와 욕심을 크게 덜어내고 비우기만 하면 나는 천지와 하나가 된다. 죽음의 공포 따위가 조금도 엄습할 이유가 없다. 물론 이것은 나의 수행이 얼마나 진전하느냐에 달려있는 일이다.

식물의 건괘

최문형

주역의 첫 번째 괘는 건괘(乾卦☰), 하늘을 뜻하는 괘이다. 64개의 괘 가운데서 맨 앞에 있으니 그 의미가 크다. 올림픽 경기에서 보면 각 나라의 깃발 아래 선수들이 등장하는 데 그때 첫 번째로 들어오는 국가인 셈이다. 주역이라는 나라는 어떤 깃발을 들고 운동장에 들어올까? 바로 건괘이다. 양효로만 구성된 여섯 개의 작대기가 그려진 그림이다.

건괘의 뒤를 따르는 게 곤괘(坤卦☷)이다. 음효로만 구성된 이 괘는 땅을 상징한다. 아직 태양계나 우주의 신비를 알지 못하던, 과학이 발달되지 않은 때에 만들어진 내용이니 하늘과 땅은 다시 해석할 필요가 있겠다. 그래서 나는 하늘을 우주로, 땅을 지구로 이해한다. 하늘이 태양계이고 땅이 지구일 수도 있겠다. 첫 번째 괘인 건괘가 인정받는 것은 바로 태양과 같아 만물을 낳고 기르고 또 살리기 때문일 거다.

세상에서 가장 소중하고 아름다운 것이 생명이 아닐까?

생명의 시작과 보존과 존속은 지구와 우주의 임무이고 권리이다. 생명은 어떻게 시작될까? 생명의 시작은 하늘과 땅, 태양과 지구의 감응이다. 태양과 지구가 서로 만났고 다시 지구 안에서 물과 뭍을 오가는 생명의 순환이 이루어졌다. 생명을 다루는 학문인 생물학 나들이를 해 보자.

30억 년 전에 시아노박테리아라는 세균이 나타났다. 남조류로 불렸던 '시아노박테리아'는 지구에서 광합성을 하는 최초의 생명체였다. 이 세균은 산소를 방출하면서 광합성을 했다. 그리고는 태양빛이 잘 들어오지 않는 바다로부터 태양이 풍부하게 내리쬐는 육지로 갈 기회만 노렸다. 그러다가 약 10억 년 전쯤에 시아노박테리아는 단세포 생물인 진핵세포와 공생하는 방식으로 이 기회를 잡는다. 이 같은 공생을 통해 진핵세포는 새로운 에너지원을 얻게 되고, 진화를 거듭하여 식물이라는 다세포 생물이 되었다. 태양과 지구의 감응이라는 커다란 원칙 안에서 물과 뭍의 감응으로 이어진 과정이다.

이 다세포 생물이 한 일은 무엇인가? 지구상의 대부분의 생명체들이 필요로 하는 산소와 각종 화합물질로 이루어진 유기물[먹거리]을 제공한 일이다. 시아노 박테리아는 식물 속에 엽록소로 존재하면서 지구의 생명체들의 먹거리 공장 노릇을 톡톡히 한다. 식물은 생명의 순환고리 속에서 낳고 먹이고 살리는 일을 거듭하면서 지구에서 가장 성공한 존재가 되었다. 인간은 자칭 만물의 영장이다. 하지만 눈을 돌려 보면 지구상 어디에고 식물이 없는 곳이 없다. 바다에도 육지에도 고산 지역에도 적도에도 어디든 버젓하게 자리를 지키고 있는 존재들이다. 지구의 주인은 식물이다.

다시 건괘로 돌아가 보자. 건괘가 인정받는 것은 태양처럼 만물을 살리기 때문이다. 낳고 살리는 것이 건의 덕이다. 건은 생명의 원천이다. 모든 생명은 순환한다. 순환은 변화이다. 변화는 저절로 이루어지는 자연스러운 것이고 그래서 쉬지 않는다. 저절로 움직이니 순수함이고 순수하니 어떤 이익을 바라지 않는다. 그래서 아름답다. 자연의 원리는 바로 이런 것들이다.

다른 유학의 고전들처럼 주역도 자연과 생명을 말한다. '저절로 그러한' 자연은 변화무쌍하다. 슈퍼컴퓨터와 인공지능이 발달한 이 시대조차도 자연의 '저절로 그러함'을 따라잡기 힘들다. 그런데 주역은 저절로 그러함 속에 있는 원리에 관한 탐구이다. 64개의 괘와 각 괘에 딸린 효를 통해서 구석구석 숨은 자연의 바코드를 명쾌하게 분석했다. 주역의 이야기는 효사(爻辭)를 통해 꼬리에 꼬리를 물고는 세상 만물과 세상 만인(萬人)의 비밀과 징후와 과정을 모두 밝혀내려 애썼다.

도대체 왜 기우제를 지내면 비가 오는지, 실패와 실망이 계속되면 성공과 만족이 오는지, 마치 예언자인양 다 말해준다. 사실이지 대기에 습기란 없고 열기만 가득차서 기우제를 지낼 정도라면 다음 순서는 그 열기가 상승해서 구름을 만드는 게 아니고 무엇이란 말인가? 인생에서 절망의 바닥을 치면 조금씩 위로 오르는 길밖에 없는 게 무슨 대수인가? 하지만 주역은 이렇게 툭 내던지지 않고 상세하고 친절하게 반복해서 일러준다. 그래서 우리는 주역을 좋아한다. 가까이 둔다. 막막한 인생살이 지혜의 원천으로 귀 기울인다. 주역은 이제 시초 점에서 스마트폰 어플로, 일상으로 들어와 버렸다.

지구에서 변화에 능숙한 존재를 꼽으라면 나는 식물을 들 것이다. 움직이지도 못하고 죽을 때까지 제자리나 지키는 식물이 변화한다니? 의아한 느낌이 들 수 있지만 이것은 사실이다. 식물이란 게 애초에 변신의 귀재 시아노박테리아의 후손이 아닌가? 태양빛으로 광합성을 하고 바다에서 육지로 이사한 공생의 주인공 말이다. 그들은 시시각각 변하는 태양과 지구의 관계 속에서 주역의 64괘 경우의 수 이상의 복잡한 상황을 헤치고 살아낸다. 이동할 수 없기에 레이더를 늦출 수 없고 쉴 수도 없다. 잠시 휴식을 취한다면 공기 중에서 땅 속에서 가지나 잎이나 둥치나 뿌리로 생명을 해치는 적이 급습하고 말 터이니. 식물은 이미 주역의 64괘를 터득하고 있는 듯하다.

뇌도 없는 식물은 자신의 모든 감각을 총동원하여 움직임을 통제한다. 따로 머리와 뇌를 가진 동물들의 경우는 정보의 수집과 저장이 일정한 위치에 집중되어 있지만 식물의 감각은 각각의 세포 하나하나에 편재되어 있다. 그래서 동물보다 기민하고 정확하다. 하늘과 땅의 교감에서 생명이 시작되고 자라고 이어지듯이 식물은 둥치와 가지를 하늘로 향하고 뿌리는 땅으로 둔다. 그렇게 꽃을 피우고 잎을 키우고 열매를 만든다. 자신의 존재의 근원인 씨앗을 만들어낸다. 이 과정은 그 자체로 자연이다. 사람들이 보통 '자연'이라고 말할 때 그것은 '식물'을 가리키는 경우가 대다수이다.

　우리는 식물을 보면서 자연을 안다. 가을을 보자. 가을은 사람을 외롭게 한다. 혼자이게 한다. 알고 보면 식물 탓이다. 한 가지에 옹기종기 모여서 긴 세월 함께한 잎들이 낱낱이 떨어져 제 갈길 가는 모습이다. 그들의 별리(別離), 그들의 이산(離散)을 눈앞에 보며 인간인들 왜 고독을 떠올리지 않을까? 어떤 잎은 아스팔트를 구르다가 빗자루에 쓸려 포대에 들어가고 어떤 잎은 엄마인 나무 곁에서 다음 세대 동생들의 거름이 된다. 또 어떤 잎은 숙녀의 책갈피가 되어 주기도 한다.
　알고 보면 나무도 고독의 계절로 들어간다. 꽃과 잎을 피우고 나비 벌과 노닐던 봄여름을 지내고 앙상한 가지로 돌아가는 때가 가을이다. 몇몇 상록수를 제외하고는 대부분의 나무들이 하나도 남김없이 잎을 떨군다. 숲의 나무들은 겨울바람에 가지들과도 이별한다. 가지도 지나치게 많으면 생존에 걸림돌이 될 수 있는 탓이다. 그래서 매서운 시린 바람이 쌩쌩 몰아칠 때 부실한 가지들을 떨구어 낸다. 식물들은 그렇게 매정하게 헤어짐을 결단한다. 그래서 우리 인간들도 가을이 되면 이런저런 생각에 잠기게 된다.

게다가 겨울이 시작될 무렵이면 한 해가 끝난다. 자연스럽게 우리도 식물의 주기에 맞추어 정리와 결산을 한다. 한 해 동안 만들어낸 잎 들 중에서 어떤 잎이 다음 번 거름이 되어 줄지, 한동안 함께해준 가지라 해도 결연하게 이별할 상대가 누구인지. 금전출납부의 수입과 지출 란을 채우듯 검은 펜과 붉은 펜으로 꼼꼼히 한 해를 새겨 넣는다. 그렇게 가을은 우리를 차갑게 식히고 차분하게 만들고 혼자이게 한다.

얼핏 보면 가을바람은 생명을 살리는 게 아니고 죽이는 것처럼 보인다. '추풍낙엽'이란 말도 있지 않은가! 하지만 낙엽의 입장에서 보거나 나무입장에서 보아도 가을의 이 결단은 생명의 과정이다. 가을이 되면 일조량이 적어져서 광합성을 하기 힘들다. 대기 온도가 떨어지면 신진대사도 힘들다. 그래서 생명의 원천이랄 수 있는 식물은 이제 휴식기가 왔음을 안다.

섭씨 5도 정도가 되면 일군인 잎들에게 긴 휴가기간을 명한다. 잎이 붙어 있는 부분에 영양과 수분 공급을 중단되고 잎 세포들은 빛깔이 변하면서 낙엽으로 자살한다. 세포자살이다. 이것은 의미가 크다. 물기를 머금은 잎들이 나무에 붙어 있으면 나무가 동사하게 된다. 봄의 리모델링 오픈을 기약하며 가을 나무는 미련 없이 잎을 떨구고 나신이 되어 겨울바람과 눈과 서리를 즐긴다.

생명의 입장과 대자연의 관점과 주역의 시각으로 보면 죽음과 삶은 하나이다. 살아가고 스러지는 것은 둘이 아니다. 우리 몸의 세포들을 보자, 머리카락은 매일 수백 개가 빠지고 다시 난다. 피부 세포도 마찬가지다. 각질이 떨어지고 그 자리에 어느새 새로운 세포가, 새 생명이 올라와 있다. 나뭇잎도 가을에만 떨어지는 게 아니다. 가을낙엽이 대표지만 전 계절을 거쳐서 수많은 잎들이 생을 마감하고 다시 난다. 식물은 그 기회를 타서 떨어져 나갈 잎에다가 여분의 수분과 양분과 독소들을 모아서 털어낸다. 자정작용인 셈이다.

식물은 건쾌의 주석서이다. 쉬지 않고 움직이고 순수하고 아름다우며 무엇보다 생명을 낳고 기르고 살린다. 자신도 살리고 이웃도 살리고 다른 생명체도 살리고 심지어는 땅도 살려 놓는다. 그들이 활발히 일하는 봄부터 여름까지는 말할 것도 없고 다음 봄을 기약하는 준비에 들어가는 가을과 겨울조차도 그들의 관심은 생명 그 이상도 그 이하도 아니다. 건괘는 땅인 지구가 왜 태양이며 우주인 하늘에 주목하고 집중하고 감사해야 하는지를 다각적으로 설명한다.

　대인(大人)도 성인(聖人)도 그러함을 말한다. 대인은 천지일월과 사시의 변화와 덕이 딱 들어맞는 분이다. 그래서 그가 앞서가면 하늘이 따라준다. 자연이 그를 어기지 않는데 어찌 사람이 그를 어기겠는가? 그럴 수 있는 대인과 성인의 비결은 무엇인가? 자연의 원리를 알고 저절로 그렇게 사는 거다. 나아가고 소유하고 얻음을 알고 동시에 물러가고 내어주고 잃는 것을 아는 것, 그것이 건괘의 도(道)이다. 건괘는 자연이고 식물이고 성인이다.

역경과 여기 오늘

이은선

말로 드러낼 일은 아니지만, 나는 삶의 습관으로서 하루를 시작하기 전에 두 가지 경(經)을 읽는다. 동시에 같이 읽기도 하고, 하루 건너씩 따로 읽기도 한다. 인류 동서 문명의 두 성경, 부모님 덕분으로 태어나면서부터 접하게 된 서구 전래의 기독교 성경과 20대 후반 이후로 유교와 기독교 간의 대화를 학문의 주된 일로 삼으면서 유교의 신약 성경에 해당되는 사서(四書)와 더불어 주역을 읽게 되었다.

기독교의 성경은 우리나라에 전해진 이후로 그 번역에 번역이 더해져서 오늘날은 〈표준새번역〉 성경까지 나와서 쉽게 한글로 읽을 수 있지만, 주역은 그에 비하면 여전히 상당히 어렵다. 그러나 나는 한편으로 쉽게 극복되지 않는 부족한 한문 해독의 능력을 기르기 위해서라도, 하루에 얼마간은 한문을 읽는다는 의미에서 한글 본보다는 한자 본을 택해 몇 줄이라도 읽고자 한다. 그러면 그런 가운데서 종종 놀라운 경험을 한다. 바로 주역 말씀을 통해서 오늘의 나의 상황, 우리 시대의 어려운 난제들, 세계 창조와 역사의 진행뿐 아니라 보편적인 과학적 사실에 대한 지식과 지혜까지도 얻게 되는 것을 말한다. 그것도 참으로 상징적인 언어와 기호로써 우리의 상상력을 키워주고, '비의(秘義)적인' 것에 대한 인상과 우리가 말로 다할 수 없는 것에 대한 떨림을 안겨주고, 그 속의 결[理]을 살짝 살짝 들여다 볼 수 있게 함으로써 놀라곤 한다.

사실 나는 주역을 점서(占書)로서 알지 못했다. 기독교 집안에서 자라면서 점을 친다던가 하는 일이 어떤 것인지 잘 몰랐고, 삶을 스스로 책임지면서 살아가는 일의 중요성을 교육받아온 나로서는 주역이라는 경(經)이 여러 차원에서 쓰이는 줄을 몰랐다. 또한 퇴계 선생도 그의 언행록에서 강조하신 대로 유가 선비 집안에 무속인이 드나드는 일을 강하게 금한 것처럼, 특히 신유가의 주역은 주로 철학서에 머문 것 같다. 하지만 기독교인으로 시작한 것이기는 하지만 한 사람의 종교인과 신앙인으로서 내가 하루의 시작에 만나는 주역의 말씀은, 기독교의 언어로 말하면 하늘 성령(聖靈)의 소리로서 그날그날의 나의 판단과 결정, 나아갈 길을 깨우치고 인도하시는 영의 목소리가 된다.

나는 우리가 읽는 모든 경의 언어를 '여기 오늘(hic et

nunc)' 우리가 살고 있는 삶의 현장에서 풀어내는 일이 중요하다고 생각한다. 이것은 다른 말로 하면 경을 읽는 일의 참된 가치와 목적은 단지 과거의 문자나 낱개의 주석을 배우는 일에 머무는 것이 아니라, 오늘 우리의 구체적인 삶과 시대의 공동체적 일에서 어떤 가르침과 지혜로 풀어낼까 하는 일이라고 보는 일이다.

그렇게 될 때 누구라도 경을 읽으면서 지금 현재 일어나고 있는 시대의 중요한 현안들에 대해 무관심할 수 없을 것인데, 요사이 한국 사회에서 격해지는 여러 사회적 논의에서 유교인들의 입장 표명을 잘 들을 수 없어 아쉽다. 오늘의 심각한 환경오염의 문제, 세계 자본주의 물음, 한국 정치에서의 극단적 이분주의와 이데올로기 왜곡의 문제 등, 이러한 현안들이 주역을 읽고 유교의 경을 공부하는 일과 상관없는 일이 아닐 것이지만, 종종 유교의 도반들에게서 이러한 현실에 대한 무심한 태도를 보게 된다.

이것은 경을 읽는 일의 주체 의식과 거기서의 '권위'나 '자유'에 대한 물음과 밀접히 관계되는 것 같다. 우리 주체성에서의 '자유(自由)'라는 말을 '스스로(自)가 존재의 이유(由)가 되는 것'이라고 풀어본다면, 경을 읽는데 있어서도 과도하게 과거에 이루어진 성취나 문자나 언어로 고정된 틀에 갇히기 보다는 지금 여기에서의 보다 자유로운 해석과 성찰적 확장에 더 의미를 두는 일을 말한다.

그런 의미에서 나는 주역의 이름도 주나라의 역이라는 의미의 주역보다 『역경(易經)』이라고 부르는 것을 더 선호하고, 그동안의 중화 중심주의를 넘어서 19세기 조선의 김일부(金一夫, 1826~1898) 선생이 창안한 『정역(正易)』에 마음이 쓰인다. 그는 오늘 천동설과 지동설을 넘어서 '인류세'(인간세, Anthropocene)를 말하는 세대가 될 것임을 미리 예견한 듯, "하늘과 땅은 해와 달이 아니면 빈 껍질이고, 해와 달도 지극한 인간이 아니면 헛된 그림자다."라고 했다.

주역에 대한 이러한 생각과 더불어, 이제 여기서 얼마 전에 박약회(博約會)소식지[2019.8.20제51호]에 실었던 나의 글 일부를 가져오고자 한다. 부족하나마 거기에 나름의 주역해석의 예가 드러난다고 생각하기 때문이다. 그러면서 나처럼 한문 해독이 어려워서 좌절하곤 하는 사람들에게 다음과 같은 미국 보스턴의 유교학자 내빌(Robert C. Neville) 교수의 말도 전해주고 싶다. 곧 그 자신은 유교 전통이 온 인류 모두를 위한 가르침이 되기를 희망하는데, 그래서 그리스의 플라톤이 세계의 모든 대학에서 가르쳐지듯이 공자를 비롯한 유교 철학도 그렇게 되기를 원하고, 거기서 그리스어를 모르는 사람도 그 그리스 철학을 전공하고 공부하는 것이 불가능하다고 생각하지 않듯이 그렇게 유교 철학의 경우도 되기를 바란다고 했다. 한중철학회의 새로운 주역 완역이 더욱 기다려지는 이유이다.

알다시피 "말은 항상 '사실[物]'에 근거해야 하고, 행위에는 '일관성[恒]'이 있어야 한다."는 언술은 『역경』 풍화가인괘(風火家人☲☴)에 나오는 말이다. 그런데 요즘처럼 이 말씀이 절실한 적이 없는 것 같다. 오늘은 누구나가 한 손에 스마트폰을 들고 살기 때문에 원하기만 하면 누구든지 언제나 자신의 의견을 말할 수 있고, 다른 사람들과 더불어 논쟁할 수 있다. 하지만 문제는 그때 나오는 다양한 견해와 의견 중에서 어느 것이 옳고 그르며, 어떤 판단이 우리 삶을 살리고 살찌우는지, 반대로 어떤 것을 그렇지 않은지에 대한 판단이 쉽지 않다는 것이다. 즉 우리 시대 말과 행위의 판단 기준과 근거가 매우 혼란스럽게 되었고, 특히 요즘처럼 과거에 밖에서 주어져서 당연시되던 판단의 권위와 기준들이 문제시되면서 이 판단의 근거 문제가 매우 심각하게 된 것이다.

이러한 상황에서 요사이 한창 한국사회와 언론, 정치를 뜨겁게 달구고 있는 일본 수출규제로 인한 일본 보이콧과 관련해서 의견 갈등이 증폭되고 있다. 이번 사건이 촉발된 근본 원인에 대한 견해 차이에서부터 시작해서, 특히 촛불 항쟁으로 탄생한 현 정부와 많이 갈등하고 있는 주류 언론과 그 지지자들은 비극적인 과거사로 인해서 많은 한국인이 받아들이기 어려워하는 일본 측 처지를 대변하는 듯한 인상을 주고 있다. 그러면서 그 근거로 오히려 '언론의 자유'나 '의

견의 다양성' 등을 말하면서 그 입장과 견해도 하나의 '의견(opinion)'이므로 용납되어야 한다고 주장한다.

일찍이 20세기 인류의 전체주의 시대를 혹독하게 겪은 서구 여성 정치학자 한나 아렌트는 인간다운 공동체 삶이 깨진 상황에서 어떻게 '사실(factual truth)'과 '정치(politics)'가 충돌하면서 '사실'에 반하는 '거짓'이 하나의 '의견'으로 둔갑하는가를 잘 밝혀주었다. 그녀에 따르면 한 공동체 삶의 '생명줄(lifeblood)'은 거기서 사람들의 '말'과 '행위'가 진실 되고 위대해질 수 있도록 바른 정치를 펴는 일이다. 그에 반해서 공동체 삶의 참된 권위와 전통이 무너지고 소수 그룹의 이익과 세력을 위해서 사실과 진실이 계속 왜곡되고 억눌려질 때 사람들은 거기서 자신들 말과 행위의 판단 기준과 토대를 잃고서 우왕좌왕하게 된다. 사실과 진실이 수만 가지의 의견으로 환원되며 거짓이 난무할 때 남는 것은 각자도생의 철저한 이기주의이거나 무한정한 쾌락주의, 또는 냉소주의나 허무주의와 폭력이라는 것이다.

이러한 생각을 하는 가운데 『역경』의 또 한 구절이 떠올랐다. 뇌수해괘(雷水解卦䷧) 육삼효의 "[짐을] 지고 있으면서 또 (마차를) 타고자 하면 도적을 부른다[負且乘 致寇至]."라는 말씀이다.

여기서 원문 '부(負)'라는 말을 나는 재산·돈·경제활동을 말하는 것으로 해석하고, '승(乘)'을 명예, 정치가·학자·종교인 등의 역할과 일로 풀고 싶다. 즉 돈도 가지고 명예도 함께 얻으려고 하면서 한껏 욕심을 부려 한 공동체의 재화와 일, 이름이 심하게 한쪽으로 편중된 현상을 불러오는 것을 말한다. 지난 정치에서 한국 사회도 심하게 겪었고, 오늘 세계 정치에서 가장 막강한 힘을 가지고 있는 미국 기업가 출신 대통령 아래서 이루어지는 정치와 경제의 무자비하고 무원칙한 합병으로 온 세계가 고통 받고 있다. 돈과 경제가 모든 것의 모든 것이 되어서 거기서 약한 나라와 사회적 약자와 특히 노인과 아동, 아직 사회에서 자리를 잡지 못한 청년들의 어려움이 크다.

오늘 우리 주변에는 종교인이나 학자로 살면서도 동시에 돈 많은 부자가 되고자 한다. 국회의원과 장관, 나라의 관리 등의 높은 지위에 있는 사람들이 그 명예와 더불어 재산도 엄청 많이 가져서 그것을 관리하고 운영하는 부담을 가지면서도[負] 동시에 높은 명예의 자리에 오르고자[乘] 하는 것을 종종 본다. 그렇게 될 때 나라에 도적이 들끓게 되고, 개인적으로도 마침내는 그것을 훔쳐가려는 도적을 만나게 된다는 『역경』의 가르침이 아닐까 생각한다. 그렇게 재산과 명예를 한꺼번에 얻으려는 경우 그의 말은 쉽게 사실과 객관을 무시하고, 진실을 왜곡하면서 자신의 그 왜곡이 하나의 의견으로 받아들여지기를 강조하고, 그 행보가 공적 세계와 충돌하면서 주변에 비밀이 쌓여간다.

그렇다면 오늘 우리 시대에 많은 사람이 걸려 넘어지고, 누구도 자신 있게 거기서부터 자유롭다고 말하기 힘든 이 병을 어떻게 하면 치유하고 개선할 수 있을까? 앞에서 밝힌 대로

"참된 사람[君子]은 그 말이 사실에 부합해야 하고 행위에는 일관된 원칙이 있어야 한다."고 한 말을 다시 새겨보면, 우리는 이 말이 바로 우리 '가족적 삶[家]'을 밝혀주는 『역경』풍화가인괘에 있다는 것을 알아차린다. 즉 우리 삶의 정황을 근본에서부터 살펴보면, 바로 어린 시절부터 친밀하고 가까운 삶의 반경에서부터 사실을 사실대로 말하고 왜곡시킬 필요 없으며, 자신의 인격이 온전히 받아들여지는 경험을 해나갈 때 그는 쉽게 잘못된 욕심에 사로잡히지 않고, 사실과 세상과 타인의 것을 그대로 인정해주는 보편적 판단력의 사람이 된다는 것이다. 다시 말하면 인간의 가장 친밀하고 밀접한 관계망인 가족적 삶이 회복되지 않고서는 이 병의 근본적인 치유가 어렵고, 그래서 우리는 오늘 우리 시대에 큰 위기 가운데 놓여있는 안정되고 인간다운 가족적 삶의 회복을 위해서 함께 노력해야 한다는 것이다.

그런데 모두가 알다시피 오늘 한국사회에서는 심지어는 그것을 보존하고 지켜주는 일에 핵심역할을 해야 한다고 여겨지는 교육과 종교조차도 오히려 그 반대의 일을 하고 있

다. 교육이라는 이름 아래서 아이들은 이른 시기부터 집과 가정으로부터 내몰리고, 가족의 삶은 한갓 집 밖에서의 돈벌이를 위한 임시적 잠자리에 불과한 것이 되었다. 모두 돈과 명예, 경제와 정치의 권력을 한꺼번에 가지려는 욕심과 욕망에서 나오는 것이라고 할 수 있고, 온 세상을 그 목적을 위해서 이용하고 도구로 삼고 있는 것을 말한다.

이러한 시대의 병에 대해서 과거 유교 전통은 그에 반하는 많은 아름다운 예들과 가르침을 전해주고 있다. 올해 3.1 운동 백 주년을 맞이해서 지금부터 1세기 전 나라가 큰 억압과 거짓에 휩싸여있을 때 다시 진실과 정의를 회복하기 위해서 자신들을 희생했던 수많은 의병 이야기들, 그러한 의병 활동과 독립운동의 공적(公的) 일을 담당하고자 자신 가계의 농사에서는 '광작(廣作)을 자제하라'라고 하면서 스스로 농사와 경제활동의 규모를 줄이고 한정하며 그 나머지의 힘을 바른 공동체의 구축을 위해서 힘쓴 과거 의인들의 이야기가 나에게 깊은 감동을 준다.

가방끈이 길어서 슬픈 사람

김무영

가방끈이 길어서 슬픈 사람이여! 나는 다른 사람 두 번 사는 것보다 더 많이 여러 학문을 들락거렸다. 젊은 날 치기어린 탓으로 한 분야에 갇히기를 거부하고 다녔다. 어찌 보면 어느 한 분야에서 뛰어나지 못하여 이리 저리 샛길을 찾아 다녔는지도 모르겠다. 한 평생 살며 내 앞 마당에 전문 분야의 팻말 하나 걸지 못하고 말았다.『주역대전』여괘(旅卦) 풀이의 중계장씨(中溪張氏)의 말처럼 나그네처럼 떠돌다 보니 제대로 이룬 바가 없는 것인가?

한 가지 건진 것이 있다면 같은 사안을 좀 입체적으로 볼 수 있게 되었다. 요즘 말로 하면 융합적으로 생각하는 힘이다. 융합의 필요성이 종종 논의가 된다. 그러나 실제에서 시도는 그 지향에 못 미치는 경우가 많다. 이미 한 분야의 전문인으로 훈련 받은 사람이 자기 분야의 시각을 넘어 다른 분야의 내용을 흡수하기가 쉽지 않아서이다. 그렇다고 애초부터 다중의 시각으로 교육하는 경우도 드물다. 학제간의 경계가 그것을 용이하게 하지 않는다.

젊어서 감수성이 예민할 때 무엇을 접했는지 중요하다. 그에 따라 생각의 방향과 결이 결정된다. 스물 초반에 동대문시장 판매대에서 박수 쳐대며 장사를 시작한 사람을 봐도 그렇다. 그가 중년 사업가로 성장하며 갖춘 사업의 안목과 수완은 평생을 은행원으로 근무하다 은퇴한 사람의 그것에 비할 수가 없다. 마찬가지로 어려서 공과대학이나 이과대학을 통해 학문을 접한 사람이 사물에 접근하는 태도는 철학이나 역사를 통한 사람들과 다를 수밖에 없다. 물건이 쌓이면 그친다 했던가? 한 분야에 축적은 다른 분야에로 문이 닫히는 형색을 갖는다.

다행인지 불행인지 나는 일찍이 여러 갈래의 전공을 접해왔다. 이렇다 할 전문 분야의 굳은살이 생기기 전에 여러 전공을 거치면서 문제를 접근하는 다양한 관점을 접하고 내면화 할 수 있었다. 한 전문 분야의 내부자로서 타 분야를 국외자로 조망하다 다시 전공을 옮기면 이전의 전문 분야를 다시 국외자로서 조망할 수 있었다. 이렇듯 내부자와 외부자의 전환을 한 번도 아니고 몇 번을 거치게 되면서 각 분야마다의 특성화된 안목과 논리를 좀 더 세밀하게 분리하여 볼 수 있었다. 동시에 내부자로서 부지불식간 형성되는 사고의 습관을 알아채는 메타 인지도 좀 더 개발이 된 듯하다.

이제 말년에 다른 구조들을 한 틀에서 조망할 수 있는 주역을 접했다. 그 틀로 지난날 거쳐 온 학문 분야마다의 특색을 되새겨 보았으면 한다. 내부자의 눈으로 접했던 각 분야를 주역의 프레임 위에서 융합적으로 비교하고 연결해 보는 것도 의미가 있을 듯하다. 사업하는 사람들이 연말에 수입을 정산해 보듯 주역의 계산법으로 지나온 편력을 살피고자 한다. 새삼 정결하게 스스로를 추슬러서 학문의 제단에 그 반성의 내용을 들어 올리고자 한다. 제사 지내기에 앞서 손을 정결하게 하듯이.

나는 일찍이 국내에서 경영학부를 이수하면서 사회학을 부전공하였다. 그 후 미국으로 건너가 인류학 석사과정을 하면서 수리철학을 부전공하였다. 두 번째 석사는 수학·전산학·철학이 접목된 융합과정이었다. 그 후 실리콘 밸리에서 소프트웨어 엔지니어로 일하기도 하였고 나중에는 개인 투자회사를 운영하기도 했다. 그 와중에 저녁시간에 미국 법대 과정을 이수했다. 이렇듯 가장 추상적인 수학·수리철학에서 가장 실용적인 법학과 경영학에 이르는 여러 분석 수준의 학문을 두루 거치며 학문하는 눈을 길렀다. 상아탑 밖에서 직접 제품 개발을 하는 소프트웨어 엔지니어로 일도 해보았고 직접 투자회사를 운영하기도 하였다.

이제 이 과정의 단계들을 주역의 관점에서 하나씩 짚어

보고자 한다.

　나는 소년시절 소설이나 철학책을 읽으며 그 책들에서 늘 흘러내려가는 삶의 조각들을 담아 놓을 수 있는 소중한 공간을 찾고는 했다. 이런 성향으로 본래 대학갈 때 철학이나 사회학 등의 인문학을 택하여 그런 공간을 좀 더 논리적인 깊이를 갖고 탐구하길 원했다. 그러나 6·26전쟁 통에 이북에서 내려와 오랫동안 없이 사는 어려움에 처하셨던 부친의 강권으로 경영학과에 들어간다. 그렇게 연세대학교 상경대학에 들어갔다.

　경영학이란 원래 이론이 실행을 이끌기 보다는 실행을 이론이 뒤에서 쫓아 가는 형세를 갖는다. 이론을 고집하기 보다는 결과를 내는 실행 방안을 찾는 것이 지상과제이다. 외부 시장으로부터 전해지는 내용을 빨리 흡수하고 경영 과정에 접목해야 시장에서 결과를 낼 수 있다. 중간에 어떤 이론에 고착되어 결정과정이 둔화되어 정보를 시의 적절하게 활용하지 못하며 시장에서 도태되고 반면에 정보를 잘 순환시켜 결과물에 적시에 연결하면 성공하고 성장하게 된다. 이렇듯 경영학은 그 원활한 정보 순환을 기본으로 하니 그 형세가 마치 익괘(益卦䷩)와 같다. 가운데가 이효에서 사효까지가 음으로 비어 있어서 가운데 통로가 휜히 트여 있다. 큰 내를 건너는 것이 이로우니 그 큰 통로로 정보와 재물이 잘 순환되어 이익이 쌓여가는 것을 추구한다.

경영학을 공부하면서 이렇듯 궁극의 목표를 염두에 두며 과정을 유연하게, 그리고 신속하게 처리하는 사고방식을 익힌 듯하다. 물론 배울 당시에는 그런 내면화를 대체로 인식하지 못하였지만, 후에 살면서 일을 처리할 때 결정하는 과정에서 그런 내면화 된 틀이 활용되고 있음을 보고는 한다. 특히 아직 뇌가 말랑말랑 십대 후반에서 이십대 초반에 머리활용의 방향을 이렇게 초기화한 영향은 사뭇 나의 뇌에 깊이 조건화되어 있는 듯하다

이와 비슷한 시기에 나의 뇌는 인문학적인 자극도 만만치 않게 받았다. 철학 강의도 수강내지 청강하고 사회학은 부전공까지 하였다. 사춘기에 움을 튼 인간과 인생에 관한 상념과 질문들에 대한 갈증이 계속되었다. 그런 갈증이 철학과 사회학으로 인하여 다소 해소가 되곤 했다. 어기 저기 얽혀 있으면서 답답하게 하던 청춘의 질문들을 그 근원에서부터 풀어주는 듯했다.

이 시기에 이런 인문학은 해괘(解卦䷧)의 의미를 갖는다. 아래의 험준한 감괘의 고비를 넘어 앞으로 나아가게 해준다. 본격적으로 인생의 링 위에 오르기 전 막연하고 혼돈스런 청춘에게 철학과 사회학은 문제를 보다 넓고 근원적인 안목에서 바라볼 수 있게 해 주었다. 즉 마땅히 닻을 내리지 못하고 복잡하게 얽힌 생각으로 부유(浮遊)하는 마음에 일말의 해소의 실마리를 제공하였다. 갈 곳이 없어 와서 회복

하는 것이 길하다고나 할까?

　그 후 호랑이를 잡으러 호랑이굴로 들어간다는 마음으로
미국으로 건너갔다. 서양학문의 정수를 흡수하겠다는 각오
였다. 아이비리그 명문인 브라운대학교에서 인류학을 공부
하였다. 인문학 중에서 가장 폭넓게 접근하는, 곧 문화를 다
루는 인류학의 틀 안에서 자유롭게 인문학적 주제를 파보고
자 했다. 인류학은 어떤 면에서 주류의 문화를 다루기보다
는 변방의 문화를 살피며 그 대비로서 다시 주류 문화의 함
의를 찾아보는 학문이었다. 주류 문화는 이미 주류 철학·역
사·사회학이 꼼꼼히 다루고 있다고 보고 있었다. 어떤 면에
서 나에게는 서양인들이 당연시하는 주류 문화와도 거리를
갖고 있었다. 한국인으로 자연히 그랬다. 그래서 일반적인
경우와 반대로 나는 미국 증권가의 중심인 월스트리트의 대
형 증권회사를 나의 문화 연구의 대상지로 선택하였다. 한
여름동안 낮에서는 증권사의 인턴으로 일하고 저녁에는 뉴
요커들의 누리는 문화를 체험하고자 했다. 서울 사는 사람,
특히 서울의 테헤란로나 여의도 증권가 등 '중심부'의 구성
원들이 생각하고 느끼는 부분에서 출발하여 미국의 문화 근
간에 흐르는 문화의 코드를 읽고자 하였다.
　이렇듯 나의 처음 미국 유학이나 인류학의 공부는 다분히
여괘(旅卦䷷)를 반영한다. 그전 철학과 사회학을 하면서 다

진 안목을 이제는 좀 더 넓은 세계에 나가 점검해보고 더 키워보고자 하였다. 어쩌면 인류학과 같은 새로운 전공을 생소한 외국에서 도전하려 한 것은 탐험의 요소가 있었다. 있는 곳에 계속 머물지 못하고 떠나가는 상이다. 비록 하나가 여물기 전에 떠나온 아쉬움도 있었겠지만 애초에 갖은 인간 탐구에의 의지에서 발로하였기 때문에 그 여정이 의미가 없지는 않았다고 본다. 나그네로서 비록 크게 형통하던 안하던 간에 귀하게 여기는 바가 있어 그를 지키고자 하면 좋은 일이다.

브라운대학에서도 철학에 대한 끈을 놓지 않고 당대 미국 분석철학을 이끌던 치슘(Chishom), 퍼트남(Putnam), 또 당시 미국 철학회장을 하시던 김재권(Jaegwon Kim) 교수들의 강의를 들었다. 특히 퍼트남 교수의 강의는 브라운대학과 교환 프로그램이 있었던 하버드대학에서 한 학기 내내 듣던 철학 강의 중 하나였다. 이들 강의를 들으며 한 가지 귀한 훈련을 하게 되었다. 현미경으로 극세사를 들여다보듯, 수학자들이 엄밀한 논리로 수많은 개념을 얽어 나가듯, 생각을 표현하는 말과 글을 매우 엄밀하고 치밀하게 분석하는 생각의 힘이 길러졌다. 이는 그런 류의 글과 말을 그런 류의 분석으로 대하는 경험치가 쌓이지 않으면 결코 가질 수 없는 생각의 기술이었다. 외국어대의 임일환 교수나 숭실대 하종

호 교수 같은 분들이 그 당시 그런 훈련을 함께 한 분들이다.

분석철학의 그 섬뜩하게 예리함에서 다른 인문학과 경영학의 논리적 구성을 바라보면 분명 히 부분에서 그 밀도의 차이가 느껴졌다. 그렇다고 논리의 밀도가 다른 분야에서 천착하는 주제자체의 중요성이 될 수 없다고도 느꼈다. 종종 분석철학의 논의가 이런 말과 글의 칼잡이들 간의 예리하고 현란한 기술 경합의 장이 되는데 그 와중에 애초의 문제의 초점이 흐려진다고 느꼈다. 암튼 이시기의 분석 철학 훈련은 송괘(訟卦☰)의 의미를 지닌다. 아래의 감괘(坎卦☵)가 믿음을 의미한다고 하는데 어쩌면 이는 논리에 대한 믿음이라고 볼 수 있다. 즉 분석철학자들이 목숨을 걸고 지키려하는 논리에 대한 믿음이다. 다만 그것이 실제 논리가 제공할 수 있는 이상의 엄밀함을 추구하려고 하여 위에서 건괘(乾卦☰)가 답답하게 내리 누르는 면이 없지 않다. 어쩌면 그 시기에 논리 위에서 중도(中道)를 얻으면 길하다는 데 대한 막연한 기대가 생겼는지도 모른다. 그래서 내가 제안하여 공자 읽기를 하였는데 그 멤버 중에 현재 전상인 서울대 교수 [사회학], 정성호 동국대 교수[철학], 김시중 영남대 교수[경제학] 등이 있었다.

브라운대학에서 석사를 마친 후 6개월 석사장교를 마쳤다. 이미 브라운에서 박사과정으로의 초대가 있었지만 나는 또 다른 생각을 했다. 보다 본격적으로 논리의 근본을 점검하고픈 생각이 있었다. 마치 레이저가 한 점으로 광선을 집중하여 파괴력을 갖듯이, 마치 선사들이 생각의 외줄 타기에 집중하여 선문답의 장을 건너가듯이, 그런 고도로 집중된 생각의 기술을 더 연마하고자 수학과 수리논리를 염두에 두었다. 그러나 단지 논리를 위한 논리가 아닌 생각의 근본 문제와 연결하는 연구과정을 원했다.

고도의 수리철학과정은 미국에서도 상위 몇 학교에만 있었다. 카네기멜론(Carnegie Mellon)대학의 융합과정이 그 중 하나였다. 수학·컴퓨터공학·철학의 세 학과가 융합프로그램으로 운영하고 있는 프로그램의 석사과정이었다. 스탠포드나 MIT와 같은 명문대에서 수학이나 전산학을 전공한 친구들이 오는 프로그램이었다.

이곳에서 훈련은 특히 나에게는 지옥훈련이었다. 어느 정도 혼자 틈틈이 공부해오던 수학수업을 들어야 했고 또 더 생소한 전산과 과목을 들으며 프로그래밍도 해야 했다. 결국 수학도 추상대수, 미분방정식 등의 고등과목들도 A학점으로 마칠 수 있었고, 프로그래밍도 결국 수학공식을 스스로 증명하는 인공지능 시스템을 패키지를 만들어 석사 논문에 포함시킬 수 있었다. 그 생소한 지경을 지나오는 과정은 연중 흐리고 비가 많은 피츠버그 시의 날씨에 더하여 정말로 갑갑한 날들의 연속이었다.

여기서 나는 또 다른 종류의 생각의 습관을 훈련받는 귀한 경험을 하였다. 수학을 통한 논리적 사고를 엄밀히 하는 것은 이미 나름의 공부를 통하여 어느 정도 익숙해있었다. 분석철학이 언어를 사용하지만 어떤 면에서는 비슷한 논리를 더 깊이 적용하는 면도 있었기에 질적으로 그렇게 생소하지는 않았다.

그런데 컴퓨터 프로그래밍을 하면서 받는 생각의 훈련은 또 다른 것이 있었다. 수백, 수천 줄의 프로그램을 구성할 때 점 하나를 잘못 찍으면 프로그램이 돌아가지 않는 경우를 수천 번 수만 번을 경험했다. 그렇게 잘못 적힌 내용 곧 단순 오타거나 아니면 논리적으로 잘못 선택된 문자나 숫자를 버그라고 한다. 영어로 벌레를 뜻하는 것으로 프로그램 어디에선가 그것을 좀먹고 있는 벌레 같다고 해서 그렇게 불러진 것 같다. 이 버그는 보통 직접적으로 파악이 안 된다. 수천 줄의 프로그램 중에서 어디에 묻혀 있는 한 점이나 문자가 잘못되어 있는 것을 그냥 읽으며 알아내기는 거의 불가능하다. 그래서 의도적으로 프로그램을 살짝 변형하여 이렇게 저렇게 돌리면서 무엇을 변화시켰을 때 무슨 다른 결과가 나오는 지를 추적한다. 그 추적을 통해서 버그가 숨어 있을 만한 곳을 논리적으로 역추적한다.

때로는 간단한 논리로도 찾아 지지만 때로는 프로그램 전체의 설계를 세세히 바닥부터 점검해야 한다. 후자의 경우 몇 날이 걸리기도 한다. 특히 나중에 내가 실리콘 밸리의 회사에 전문 프로그래머로 가서 일할 때에도 수년간 이 버그와의 전쟁은 계속되었다. 이 전쟁의 와중에서 새로운 사고 습관이 내면화 되었다. 즉 점 하나와 같은 사소한 것들도 매우 예민하게 대하게 된다. 그리고 문제의 해결책을 찾기 위해 한 가지씩 변화를 주었다 빼었다 하는 방식을 매우 일상적으로 하게 되었다. 과학이나 공학을 하는 사람들이 무수한 실험을 하면서 한 가지 조건을 변형했다 취소했다 하며 그 영향을 추적할 것이다. 그러다 보면 이들도 자연히 그런 조건 변형의 방식으로 점검하고 확인하려는 생각의 습관에 젖게 될 것이다.

내가 스스로 이런 단련 기간을 거치지 않았다면 다른 프로그래머나 다른 공학도들의 이런 예민한 논리적 생각의 세계가 있는 것을 몰랐을 거다. 미루어 생각해 볼 수는 있었을지도 모르지만 정말도 절절히 그런 양식으로 생각하는 것이 어떻다는 것을 느끼지 못했을 것 같다.

이런 생각이 훈련이 만들어 낸 습관으로 후에 회사에서 프로그램을 할 때는 물론 일상에서 문제해결을 할 때도 그 상황에서의 문젯거리, 곧 그 상황에서의 버그를 제거하고 목표를 달성하고자 할 때 중요한 사고의 도구로 사용하고 있다. 그 당시 카네기 멜론 대학에서 나의 인공지능 논문을 지도해 주신 분은 인공지능 분야의 선구자로 알려져 있고 노벨상을 수상하신 허버트 사이먼(Herbert Simon) 교수였다. 그 비상한 분의 인자한 지도를 받을 수 있었던 점에 늘 감사한다. 이분에게 또 사사를 받은 분이 연세대 경영학과에 계신 김진우 교수가 있다.

이 시기의 훈련과정을 리괘(履☱☲)로 풀어 본다. 나로서는 프로그래밍이라는 두려운 호랑이의 꼬리를 밟았는데 결과적으로 해가 일어나지 않고 나의 역량을 확장하는데 중요한 도움이 되었다. 이후 나는 이 프로그래밍의 역량을 바탕으로 실리콘 벨리에 고연봉의 소프트웨어 엔지니어로 직장을 얻고 시민권도 얻고 아내와 아들과 단란한 삶을 이루어 갈 발판을 얻을 수 있었다.

그 뒤로 좀 시간을 건너 뛰어 개인사업을 하는 와중에 야간에 법대를 다녔다. 여기서 또 다시 한 번 전혀 다른 생각의 유형을 훈련받게 된다. 현실의 사안을 두고 시시비비를 가리는 훈련을 받는 곳이 법대이다. 그러나 그 시시비비를 가리는 것이 어떤 철학적 관점의 다름을 두고 다투는 경우는 매우 드물다. 대부분의 경우 그 기준은 과거에 재판관이 비슷한 경우 어떤 판결을 해내었는가의 여부에 많이 좌우 된다. 또 그런 판결을 낼 때 해당 법률의 구체 조항들을 해당 사건의 사실 요소들에 어떻게 연결하였는가에 주목한다. 예를 들어 살인에 대한 법률에는 그 구성 조항에 첫째 우연이 아닌 실제로 살인하고자 하는 의도가 있었는지 여부를 판단하고 둘째 피의자의 행위가 실제로 그 죽음에 원인이 되었는지 여부를 판단한다.

그 외의 몇 가지 조항이 더 있지만 우선 간단히 이 두 조항만 고려해본다. 최근 살인 피의자 고○○의 경우를 예를 들어 본다. 우선 첫째 조항을 사실에 적용해보면 고○○이 현재의 남편과 관계에서 전남편의 출현을 불편하게 생각할 개연성을 고려하면 살해할 의도가 있었다고 볼 수 있다. 그 개연성이 99퍼센트가 아니더라도 적어도 그럴 개연성이 반대로 아닐 개연성보다 대체로 크다면 이 조항과 사실이 부합한다고 볼 수 있다 적어도 검사는 이렇게 주장할 것이다. 반대로 변호사는 그 불편함만으로 살인의도를 갖기에는 부족하다 그래서 개연성이 적다고 주장할 것이다.

둘째 고○○의 행동이 직접 전남편 죽음의 원인인가이다. 만약 고○○이 속으로 죽일 의도를 갖고 전남편을 만나려 했어도 전남편이 길을 건너다 다른 운전자의 실수로 차에 치어 죽었다면 고○○은 전혀 죽음의 원인을 제공하지 않는다. 그 경우 둘째 조항은 사실에 적용이 안 된다. 그러나 이 다른 운전자가 고○○의 동창이었다면 원인관계를 놓고 검사와 변호사간에 다른 추론을 할 수 있고 그래서 둘째 조항의 적용을 놓고도 다툼이 있을 수 있다. 이렇게 검사와 변호사 자신들의 관점에서 법조항과 사실 내용의 정합여부를 나열하면 그 각각의 조항에 대한 정합여부와 또 전체적으로 균형이 어느 쪽으로 기우는지를 놓고 판사 또는 배심원들이 판단을 한다.

이와 같이 미국 법의 집행은 수학이나 컴퓨터 프로그래밍처럼 엄밀한 논리가 판단의 궁극적 기준이 되지 않았다. 분석철학처럼 철학적 전제나 그로부터 논리적으로 전개되는 주제들을 면도칼처럼 분해해서 보지도 않았다. 대법원의 주요 사례를 제외하고는 그 철학적·사회적 함의에 대해서도 깊이 고민하지 않는다. 대체적 미시적인 틀 안에서 관계되는 법률 조항과 사실 내용간의 정합을 무미건조하게 기계적으로 다룬다. 어찌 보면 법원이 기능하기 위해서 자연스런 일일 수 있다.

장발장이 빵 하나 훔친 것을 가지고 철학적으로 공정·동정·환경 등을 거론하며 논쟁하면 그 재판의 변론은 몇 해 동안 계속될 수도 있고 그렇다면 수많은 경범과 중범이 발생하는 현실에서 법체계가 마비되거나 원활이 집행될 수가 없을 것이다. 대체로 상식선에서 법조항과 사실내용의 정합 여부를 논의하는 선에서 마무리가 지어지는 것이 합리적이다. 물론 여기까지는 법대에서 법률을 배우는 내용이고 현실에서는 다른 요소들이 법률 다툼의 결론에 작용한다. 가령 시민끼리 다투는 민사소송의 경우를 보자. 한쪽이 돈이 많아 많은 변호사를 동원하여 계속 맞고소를 하는 작전을 쓰면 돈이 없는 쪽은 재판을 지탱할 수 없어 결국 자신에게 불리한 쪽으로 타협하게 되기 쉽다.

어쨌든 이렇게 법대에서 생각하는 방식은 그전에 다른 학문을 하며 훈련 방식들과 또 달랐다. 그렇게 삼년을 집중적으로 훈련을 받으니 상식적인 수준에서 정확하고 간결하게 정합관계를 따지는 생각의 패턴이 내면화 되었다. 처음 학문을 시작할 때와 달리 갈수록 이런 내면화 과정을 자각하는 능력이 생겼던 것 같다. 처음 경영학이나 사회학을 공부할 때와는 달리 갈수록 새로운 생각의 패턴이 내재화되기 시작할 때 그 과정이 그것이 그전에 내면화 되었던 것들과 어떻게 다르고 같은지, 그래서 어떤 상황에서 어떤 사고 패턴을 더 활용하고자 해야 하는지 현재 상대방과의 논의는 어떤 갈래로 가야 하는지에 대한 의식적인 판단을 더 할 수 있게 되었던 것 같다. 이러한 자각은 단지 법대에서 갑자기 생긴 것이 아니라 지나온 과정 속에서 지속적으로 개발되어 온 듯하다.

법대에서 훈련 받은 내용을 괘로 보자면 손괘(損卦☶)에 해당된다. 손은 덜어냄이니 분석철학이나 프로그래밍에서 사용했던 과잉의 엄밀함을 어느 정도 덜어내고 또 철학이나 사회학의 과도한 철학화나 이념화를 덜어내며 상식선에서 바로 것들을 추구하는 태도를 배운 듯하다.

이제 그보다 좀 더 넓은 안목에서 여러 다른 생각의 유형에 대한 자각력을 높여 올 수 있었던 학문의 편력을 평하자면 대축괘(大畜卦畺)를 적용할 수 있지 않을까 싶다. 나름대로 학문에의 뜻을 크게 하여 방향은 이리 지리 돌기도 하였지만, 꾸준히 축적하기에 힘써왔기에 시작할 때 보다는 꽤 성장해 있지 않는지 자부한다.

대축괘에 따르면 지금껏 안으로 축적한 융합적 사고력을 밖으로 이롭도록 쓰임이 되게 해야 할 것 같다. 축적된 것은 꼭 쓰일 데가 있을 것이고 그러려면 밖으로 더 교통해야 할 듯하다. 아마도 여기에 내가 현재 쓰고 책의 의미가 있을 듯하다. 그간의 훈련을 바탕으로 융합적 사고를 도모할 수 있는 책을 쓰고 있다. 제4차 산업혁명과 문명의 특이점을 운운하는 시절이다. 그 근간에 인공지능에 대한 지극한 기대가 있다. 그러나 인공지능의 활용에 대한 이야기가 대중의 머리를 점유하는 반면 막상 인공지능의 구동원리에 대해서는 인공지능 전문가들조차 어느 곁 이상을 벗겨내지 못하고 있다.

이러한 방향의 논리의 자극이 되고자 인공지능의 구동원리를 자연의 물리적 보편적 현상에서 찾으려는 최근 물리학과 생물학의 이론들을 좀 더 넓은 독자층에게 전달하고 하는 내용을 담고 있다. 어쩌면 융합의 훈련을 태생적으로 받은 나 같은 시민학자가 도전해보기에 좋은 주제가 아닌가 싶다. 인공지능 전문가나 물리학자, 또는 생물학자 어느 한

쪽의 사고에 갇혀서 사안을 바라보면, 그 사안의 입체적인 연결점을 놓칠 수도 있기 때문이다.

기울면 채워지고 채워지면 기운다는 끊임없는 변화의 도리를 새삼 일깨워준 주역 공부 덕에 현재의 연구 및 집필 작업에 더 풍부한 의미를 부여 하며 작업의 막바지에 마지막 힘을 더 짜낼 수 있게 된 것 같아 하늘에 감사할 따름이다.

제4부
역리와 그 확장

주역 64괘가 울리는 오케스트라, 그 거대한 교육의 뮤지컬

신창호

인간의 삶은 참 재미있다. 재미나는 일은 기쁨과 슬픔이 교차되면서 모순과 역설로 가득하다. 가끔씩은 해외토픽에 실릴 만한 떠들썩한 사건들로 불거진다. 때로는 감춰져 있거나 드러나지는 않았으나 세상을 움직일만한 사안들로 소문나기도 한다. 어떤 인간의 삶이 그렇지 않겠는가마는 인생의 재미는 묘한 맛을 낸다. 예상치 못했던 일들이 우리 삶의 희로애락을 변주하면서, 거기에는 역학(易學)이 보여주는 음양(陰陽)이나 수시변역(隨時變易)의 논리적 차원이 녹아들어 있다는 생각이 춤을 춘다. 살아가는 순간마다 내면에 아이러니한 감정이 일어난다는 자체가 그것을 상징한다. 그렇다. 나에게 일어났던 다양한 삶의 편린들, 즐거운 일이었건 괴로운 일이었건, 다시 생각하면 할수록, 내 생애의 상당 부분이 재미있었던 것 같다.

나는 수십 년 간 고등교육 기관에 종사해왔다. 대학을 중심으로 하는 각종 고등교육기관은 말 그대로 고등 수준의 교육을 통해 우리 사회의 인재를 양성하려고 고민한다. 하지만 현실은 그리 녹록치 않다. 정말이지 내 인생을 견뎌낸 만큼 재미난 일이 많다. 교육을 하다보면, 목적에 맞게 고등교육을 잘 이수하여 지도급 인사로 성장하는 사람이 있다. 이른바 리더십을 갖춘 멋진 사람이다. 반면에 고등교육은 받았으나 사이비로 전락하는 경우도 있다. 심지어는 고등교육을 받기 힘든 자질의 인간임에도 불구하고, 고등교육기관을 활용하여 누구보다도 수준 높은 인간인 것처럼 술수를 부리는 존재도 있다. 사기꾼 같은 저질의 인간들, 거리를 활보하며 세상을 좀 먹는 부정부패 유발자들이다. 이렇게 웃기는 인간을 양산하는 고등교육 자체가 한 편의 코미디다. 그래서 '재미'라는 말이 자꾸 들먹여 진다.

　지난 날 나는 삶의 많은 시간을 교육적 정의감으로 불태워 왔다. 교육의 목적을 비롯하여 그 수단이나 과정이 공정하지 않거나 정당하지 않을 때 분노한 적도 많았다. '욱'하며 팔을 걷어붙이고 덤벼들었다. 그러나 언제부터인가 교육의 기능과 역할이 지닌 장·단점을 깨달으면서 그 분노조차도 담담하게 받아들이는 아량(?)을 갖게 되었다. 어쩌면 패배주의나 보신주의, 무사안일주의와 같은 포기하는 마음이 생긴 것인지도 모르겠다. 그런 여파인지 나의 성격을 아는 사람들은 비판과 비난을 퍼붓기도 한다. 그때마다 그냥 웃으며 넘긴다. 하하하! 그렇다고 교육적 정의감을 완전히 내려놓은 건 결코 아니다. 내려놓을 수도 없다! 그래도 웃음이 절로 나온다. 무차별의 세계를 깨달은 선승처럼, 내가 '색즉시공 공즉시색'의 무주거사(無住居士)도 아닌데 말이다.

　교육을 흔히 '삶의 원현상(原現象)'이라 한다. 그만큼 우리 삶 자체가 교육의 바탕이고, 교육은 다시 삶을 추동한다. 동서고금을 막론하고 삶과 교육은 삼투작용처럼 하나의 몸뚱이로 인간 앞에 나타난다. 이때 교육은 단순하게 학교를 중심으로 하는 교육기관에서만 일어나는 현상을 초월해 있다. 잘 살기 위해 노력하며 열정을 갖고 움직이는 사람들의 모든 숨소리를 담아낸다. 그 그릇이 교육이다. 삶의 숨소리가 그치는 날까지 인간의 모든 활동은 교육 작용에 의해 만들어지고, 그런 교육이 삶을 가꾸며 인생으로 축적된다. 때문에 우리 삶은 일종의 거대한 교육의 과정이자 학습의 활동 마당이다.

　내 삶의 마당에서 나는 무엇을 배우고 인생을 살찌워 왔던가? 희로애락이 중첩되며, '재미'있었던 날들로 채워졌음은 분명하다. 왜냐하면 내 삶을 향한 목적과 방향이 있었고, 그 의도적 활동 가운데 재미를 느꼈기 때문이다. 그 삶의 모습에 관한 진지한 성찰은 선현들이 물려준 학술 양식에서도 보인다. 다름 아닌 주역의 원리를 통해서다. 역(易)의 프리즘을 통해, 내 삶을 다시 성찰하면 이러하다. 나는 정의감과 의리를 삶의 상징처럼 여기며 살아왔다. 정의가 아니라면 어떤 인간을 막론하고 단호하게 척결하고 타도했다. 그러던 내가 인간 사회의 부정부패에 대한 분노조차도 삭히며 다양한 삶의 양식을 고려하고 있다. 왜냐? 주역의 64괘가 연주하는 오케스트라, 그 웅장한 세계의 울림을 들었기 때문이다.

주역「서괘전」은 힘차게 노래한다. 역의 64괘를 삶의 영역을 끌어들여 재미나게 수놓는다. 공자는 64괘의 순서를 괘의 이름에 담긴 '의미'에 근거하여 차례를 매겼다. 그 차례는 우주자연의 질서를 바탕으로 인간 사회의 재미를 용융(熔融)하고 있다. 거대하면서도 심오한 삶의 세계! 한편의 장대한 뮤지컬처럼 웅장한 오케스트라로 연주해 낸다. 나는 그 드라마틱한 삶의 원리에 마음을 빼앗겼다.

64괘를 구성하는 근원은 우주자연의 질서이다. 하루에 낮과 밤이 있듯이, 우주자연의 세계는 크게 보면 채워지고 비워진다! 사그라지고 자라난다! 인간 세상도 마찬가지다. 얻는 것이 있고 잃는 것이 있다. 보존되는 일이 있고 멸망하는 일이 있다. 나라가 되었건 가문이 되었건, 어떤 공동체 조직도 흥성과 쇠퇴가 공존한다. 다스림과 어지러워짐이 서로 기댄다. 인생은 늘 그런 상황을 직면한다. 단지, 나 자신만은 그런 프레임에 갇히지 않기를 염원할 뿐이다. 지나친 이기주의인가? 이 또한 인생이라는 욕망의 산물이다. 허허허! 삶이 그러하다. 흥성하면 기쁘고 멸망하면 슬프다. 인지상정(人之常情)! 욕망의 사이세계에서 걱정하고 근심하며 고민하는 과정이 삶 아닌가! 교육은 그런 걱정과 근심을 최소화하려는 제도적 장치다. 하지만 식자우환(識字憂患)이라고 하지 않았던가! 여기에 교육적 깨달음이 있다.

오늘, 생각해보려는 주역은, 배운 자들, 교육받은 자들의 '우환의식(憂患意識)'을 충분히 반영하여, 삶의 세계를 교육적으로 그려냈다. 64괘가 경험한 세상을 따라가다 보면, 내 삶을 반추하는데 상당한 도움이 되리라. 괘의 의미를 삶과 교육 상황으로 환원해 보라! 그 나열된 양상이 어찌 그리도 내 인생의 희로애락을 닮아 있는지.

흔히, 주역은 「상경上經」과 「하경下經」의 두 부분으로 나누어 이해한다. 「상경」에는 건(乾)에서 리(離)에 이르는 30개의 괘가 늘어서 있다. 「상경」은 우주자연의 질서를 상징적으로 드러낸 것이라 하지만, 그것을 인간의 세상에 적용하는 경우, 마치 30여개의 인생 표본처럼 웅장한 소리로 삶을 호령한다. 그 첫 번째는 삶의 근거와 같은 하늘과 땅이다. 하늘과 땅이 있고 그 사이에서 만물이 생겨난다. 인간도 동일하다. 하늘은 건(乾☰)으로 상징되고 땅은 곤(坤☷)으로 대변된다. 이 하늘과 땅 사이에 생겨나 가득한 것이 만물이고 인간이다. 이 지점에서 하늘과 땅을 인간 세상으로 옮겨 이해한다면, 그것은 삶의 다양한 양상으로 비유할 수 있다. 교육적으로는 단순하게 대비해도 좋다. 하늘은 스승이고 땅은 제자이다. 그 스승과 제자 사이의 교육 작용은 무엇을 낳을 수 있을까? 어떻게 삶을 가꾸고 인생을 빚어낼까?

주역의 괘는 하늘과 땅 사이에 가득한 만물, 처음으로 탄생한 사물들을 근거로, 건괘와 곤괘 다음에 준(屯䷂)을 배치하였다. 준은 만물이, 인간이 처음 생겨나 가득함을 상징한다. 그런데 처음 생겨난 사람은 반드시 어리다. 흔히 말하는 핏덩어리다. 때문에 몽(蒙䷃)으로 받았다. 몽은 사람이 어린 것을 뜻한다. 모든 사물이 그러하듯, 어린 존재는 반드시 길러 나가야 한다. 때문에 수(需䷄)가 다음에 자리한다. 수는 음식을 상징한다. 그런데 사람은 먹을 음식을 두고 반드시 다툰다. 분쟁을 일으킨다. 때문에 송(訟䷅)으로 나아간다. 분쟁은 반드시 그것을 둘러싸고 여럿이 일어나 편을 가르고 다투게 마련이다.

주역의 시작 단계에 배치된 괘들, 즉 준괘에서 송괘까지 교육적 의미를 불어 넣으면 어떠할까? 준괘에서 보여준 만물의 산생(産生)은 인간의 탄생을 의미한다. 탄생한 인간은 아직 어리다. '어리다'는 말은 생물학적으로 '어린 사람'을 지칭하기도 하지만, 문화적으로는 '어리석은 인간'을 상징한다. 세종대왕이 훈민정음에서 '어린 백성에게 이르고자'

라고 했을 때의 '어리석은' 백성과 상통한다. 이 무지몽매한 인간에 대한 교육은, 적절하게 이루어졌다면 반드시 먹을거리를 창조하는 데 기여한다. 먹을거리는 단순한 음식물을 넘어, 돈이나 권력, 지위, 명예 등 사람들이 지향하는 삶의 행복 추구와 연관된다. 이 먹을거리는 교육을 통해 사회적 경쟁을 낳고 지나치게 될 때 송사로 확대된다.

아래에서 전개되는 괘의 순서도 교육이나 학습이라는 활동으로 삶을 진행해 나가는 인생의 희로애락에 관한 하나의 뮤지컬이다. 때문에 송괘는 사(師䷆)로 나아갈 수밖에 없다. 사는 여러 사람을 가리키는 '무리'라는 뜻이다, 여러 사람이 모이면 반드시 서로 친하게 여기는 존재가 있기 마련이다. 때문에 그 다음에 친하다는 의미의 비(比䷇)가 자리한다. 일반적으로 사람 사이는 어떤가? 친하게 되면 반드시 그런 부류의 사람끼리 모인다. 때문에 조금씩 모인다는 뜻의 소축(小畜䷈)으로 받았다. 사람이 모이면 그 사이에 서로 지켜야 하는 예의를 갖추어야 한다. 때문에 예의를 실천하는 리(履䷉)가 다음에 자리한다. 예의를 실천하여 태평한 뒤에 인간 사회가 편안해진다.

문제는 인간 사회가 평화 상태로만 지속할 수 없다는 데 있다. 그것은 예의 실천을 뜻하는 리괘 다음에 상통하는 상황의 태(泰䷊)가 자리하게 만들었다. 하지만 인간 사이에 아무리 상통하더라도 사람은 끝내 서로 통할 수 없는 부분이 있다. 그것이 막히는 형국의 비(否☰☷)로 가는 계기이다. 그런데 사람이라면 아무리 극한 상황일지라도 끝까지 막혀 있을 수는 없다. 때문에 사람과 함께 하려는 동인(同人☰☲)이 온다. 다른 사람과 함께 하려는 사람에게는 반드시 사람들이 어울리려고 몰려온다. 때문에 크게 많이 가진 사람인 대유(大有☲☰)가 자리한다. 크게 많이 가진 사람은 더 이상 가득 채워서는 안 된다. 넘쳐흐르면 문제가 생기기 마련이다. 때문에 겸손해야 한다는 의미의 겸(謙☷☶)으로 받았다. 크게 많이 가지고도 겸손할 수 있으면 그런 사람은 반드시 삶이 즐겁다. 때문에 기뻐하며 즐기는 상황인 예(豫☳☷)가 오게 된다. 즐기는 삶을 사는 사람에게는 반드시 따르는 사람이 있다.

사람들이 따르고 많이 모이는 일은 고무적이고 긍정적일 수 있다. 주변에 아무도 없이 나 홀로보다는 여럿이 함께 하는 것이 즐겁다. 때문에 예괘 다음에 기뻐하며 사람을 따르는 의미의 수(隨☱☳)가 자리한다. 허나 기꺼이 남을 따르는 사람에게는 반드시 그에 상응하는 일이 생긴다. 때문에 일을 뜻하는 고(蠱☶☴)로 받았다. 어떤 사안이건 일이 생기면 커질 수 있다. 커지는 상황을 말하는 임(臨☷☱)이 다음에 자리하는 이유이다. 사람은 커진 다음에 볼 만하다. 때문에 볼만하다는 의미의 관(觀☴☷)이 왔다. 사람이 볼 만할 만큼 커진 다음에는 합쳐지는 것이 있다. 때문에 합쳐지는 상황을 뜻하는 서합(噬嗑☲☳)으로 받았다. 사람 사이에 합쳐지는 일은 괜찮지만, 구차하게 합쳐서는 안 된다. 때문에 꾸미는 일을 가리키는 비(賁☶)가 오게 된다. 사람의 일이란 날 것 그대로보다는 꾸밀 수 있을 때까지 최고로 꾸민 다음에 일이 뜻대로 되어야 모두 발휘된다.

인생의 어떤 사안에서 최고조에 도달했을 때, 남은 건 무엇일까? 절정의 순간을 통과하는 지점에서 기다리는 건, 조금씩 깎여 나가는 내리막길 이외에 없다! 때문에 벗겨지고 깎이는 것을 말하는 박(剝☶)이 비괘 다음에 자리한다. 하지만 인간의 삶은 아무리 깎여지더라도 끝까지 모두 깎아 없앨 수는 없다. 깎여지는 것이 위에서 다하면 아래로 돌아온다. 때문에 복(復☷)으로 받았다. 이렇게 회복하게 되면 이제 정상적인 상황에서 완전히 벗어나지는 않는다. 때문에 정상적인 상황에서 벗어나지 않은 무망(无妄☰)으로 받았다. 정상적인 상황에서 벗어나지 않은 다음에야 다시 조금씩 쌓아 나갈 수 있다. 때문에 그 다음에 크게 쌓는 대축(大畜☰)이 자리한다. 사람을 기르는 데는 기르기 위한 자산이 어느 정도 쌓여야 한다. 때문에 기르는 일을 뜻하는 이(頤☶)로 받았다. 사람은 기르지 않으면 움직일 수 없다. 움직임 자체는 생기 넘치는 것으로 보일 수 있다. 그러나 움직임은 가만히 있는 상황에 비해 그만큼 오류를 저지르기 쉽다. 때문에 잘못을 의미하는 대과(大過☰)가 다음에 자리한다. 어떤 사람이건 기른 다음에는 끝내 지나쳐서는 안 된다. 때문에 지나쳐 빠지는 감(坎☵)으로 처리하였다. 감은 빠지는 상황을 의미한다. 어떤 상황에 빠지더라도 삶은 완전히 추락하지는 않는다. 그 전에 반드시 조금이라도 걸리는 부분이 있다. 때문에 걸린다는 의미의 리(離☲)로 마무리 했다. 이때 리는 어떤 사안에건 조금이라도 걸리는 인생 상황이다. 주역의 「상경」은 이렇게 30개의 다양한 삶의 궤적을 그리고 있다.

그렇다면 건괘와 곤괘를 근거로 두고, 준괘에서 리괘에 이르기까지 인생사 30개의 모형은 내 생애에서 어떤 양식으로 자리하고 있을까? 빈 쭉정이처럼 헛된 것일까? 알맹이처럼 꽉 찬 것일까? 세속적으로 재미있게 얘기할 때 우리는 이렇게 헛웃음으로 탄식한다. '지금 내 인생이 요 모양 요 꼴이여! 허허허'

주역은 「상경」을 이어 「하경」에서 더욱 치열하면서도 신중한 인생의 양상을 털어 놓는다. 온갖 곤경과 환희, 손해와 이익 등 삶의 재미가 가지각색으로 녹아든다. 그것이 함(咸)에서 미제(未濟)에 이르는 34개 괘의 차례다.

「상경」이 우주자연의 질서를 노래하며 인간의 삶을 고려했다면, 「하경」은 본격적으로 인간의 탄생과 삶의 묘미를 진지하게 다룬다. 「상경」의 첫 부분에서 말했듯이, 하늘과 땅이 있은 다음에 만물이 탄생한다. 만물의 탄생과 더불어 인간이 탄생하고, 인간에게는 남성과 여성이 존재하게 된다.

남성과 여성이 있은 다음에 남편과 아내가 있다. 남편과 아내가 있은 다음에 부모와 자식이 있다. 부모와 자식이 있은 다음에 임금과 신하가 있다. 임금과 신하가 있은 다음에 사람의 계층이 나뉘어져 위와 아래가 있다. 위와 아래가 계층별로 정해진 다음에 사회적으로 그에 맞는 예의가 시행될 곳이 있다. 어떤 부귀영화를 누리는 존재도 이 인간 탄생의 과정과 사회 예의의 제정을 거부할 수 없다. 이 예의의 근간이 되는, 남편과 아내의 도리를 상징한 것이 「하경」의 첫 번째 괘인 함(咸䷞)이다.

　모든 인생의 근거! 남편과 아내의 도리는 오래하지 않을 수 없다. 왜냐?『중용』이라는 책에서도 언급했듯이, 부부(夫婦)는 인간 삶의 모든 실마리 역할을 하는 창조의 모태이기 때문이다. 그리하여 함괘 다음에 오래한다는 의미의 항(恒䷟)이 자리한다. 문제는 인간을 비롯한 만물은 제자리에 오랫동안 머물 수 없다는 점이다. 때문에 물러난다는 뜻의 둔(遯䷠)으로 받았다. 그렇다고 인간이 끝까지 물러나기만 할 수는 없다. 때문에 크게 자라난다는 말인 대장(大壯䷡)이 다음에 자리한다. 문제가 또 생겼다. 인간의 성장에 한계가 있다. 끝까지 크게 자라나기만 할 수는 없다. 때문에 적절한 시점에서 다시 나아간다는 의미의 진(晉䷢)으로 받았다. 사람의 일이라는 건 나아가면 반드시 손상되는 부분이 있다. 이런 방식으로 64괘가 연출하는 인생의 노래는 재미를 더해간다.

　진괘 다음에는 손상됨을 예고하는 명이(明夷䷣)가 자리한
다. 명이에서 이는 손상됨이다. 밖에서 손상된 사람은 반드
시 그 집으로 돌아오기 마련이다. 때문에 가인(家人䷤)으로
받았다. 집안의 도리는 곤궁하면 반드시 어그러진다. 때문
에 규(睽䷥)가 다음에 자리한다. 규는 어그러짐이다. 어그러
지면 반드시 어려움이 있다. 때문에 건(蹇䷦)으로 받았다. 건
은 어려움이다. 인간의 삶이란 끝까지 어려울 수는 없다. 때
문에 해(解䷧)가 다음에 자리한다. 해는 늦춤이다. 늦추면 반
드시 잃는 것이 있다. 때문에 손(損䷨)으로 받았다. 덜어내고
그치지 않으면 반드시 더하기 마련이다. 때문에 익(益䷩)이
다음에 자리한다. 더하고 그치지 않으면 반드시 터진다. 때
문에 쾌(夬䷪)로 받았다. 쾌는 터짐이다. 터지면 반드시 마주
하는 일이 있다. 때문에 구(姤䷫)가 다음에 자리한다. 구는
만남이다. 사람은 서로 만난 뒤에 모일 수 있다. 때문에 췌
(萃䷬)로 받았다. 췌는 모이는 일이다. 모여서 올라가는 것을
오른다고 한다. 때문에 승(升䷭)이 다음에 자리한다. 사람이
높은 곳에 올라가되 그치지 않으면 반드시 곤경에 처한다.

　어쩌면 우리 삶의 상당한 부분은 곤경 자체인지도 모른다.
내 삶을 돌아보아도 그러하다. 곤경 투성이다. 곤경은 일종
의 추락일수도 있지만, 반성의 기회다. 그런 차원에서 높이
올라간 차원의 승괘 다음에는 곤경에 처해 내려올 것을 고

려하여 곤(困䷮)으로 받았다. 위에서 곤경에 처한 사람은 반드시 아래로 돌아오기 마련이다. 때문에 정(井䷯)이 다음에 자리한다. 우물의 속성은 바뀌는데 있다. 때문에 혁(革䷰)으로 받았다. 사물을 바뀌게 만드는 기구로는 가마솥만 한 것이 없다. 때문에 정(鼎䷱)이 다음에 자리한다. 집안의 기물을 주관하는 사람은 맏아들만 한 존재가 없다. 때문에 진(震䷲)으로 받았다. 진은 움직임이다. 사람의 일이란 끝까지 움직일 수는 없고 멈추기 마련이다. 때문에 간(艮䷳)이 다음에 자리한다. 간은 멈춤이다. 사람의 일은 끝내 멈출 수 없다. 때문에 점(漸䷴)으로 받았다. 점은 나아감이다. 나아가면 반드시 돌아오는 것이 있다. 때문에 귀매(歸妹䷵)가 다음에 자리한다. 돌아갈 곳을 얻은 사람은 반드시 커질 수 있다. 때문에 풍부해지고 커진다는 뜻의 풍(豐䷶)으로 받았다.

풍성해진 인간의 삶 뒤에 무엇이 기다리는가? 주역은 경고한다. 큰 것을 끝까지 추구하는 사람은 반드시 그 거처를 잃는다! 조심하라! 때문에 풍괘 다음에 여(旅䷷)가 자리한다. 여는 나그네다. 떠돌이 나그네가 되면 받아들여질 곳이 없다. 때문에 손(巽䷸)으로 받았다. 손은 들어감이다. 사람은 들어간 뒤에 기뻐한다. 때문에 태(兌䷹)가 다음에 자리한다. 태는 기뻐함이다. 사람은 기뻐한 뒤에 흩어진다. 때문에 환(渙䷺)으로 받았다. 환은 떠남이다. 사람은 끝내 떠날 수 없다. 때문에 절(節䷻)이 다음에 자리한다. 사람들은 나름대로의 절도를 지켜 그것을 믿는다. 때문에 중부(中孚䷼)로 받았다. 중부는 믿음이다. 믿음을 지니고 있는 사람은 반드시 그것을 실행한다. 때문에 소과(小過䷽)가 다음에 자리한다. 소과는 조금 지나침이다. 남보다 조금 지나침이 있는 사람은 반드시 구제를 고려한다. 때문에 기제(既濟䷾)괘로 받았다. 사람의 삶은 결코 다하여 없어질 수 없다. 때문에 주역의 마지막은 미제(未濟䷿)로 정돈된다. 다하여 없어지지 않는 미제괘는 삶에 활력을 불어 넣는다. 그만큼 새로운 희망을 부여한다. 그것이 주역이 주는 삶의 재미이자 가능성은 아닐까?

앞에서 교육은 삶의 원현상이라고 했다. 이는 삶 자체가 하나의 교육이라는 의미이자, 교육으로 인해 삶이 재구축되어 나감을 말한다. 내 삶의 목적과 방향이 정해질 때마다 어떤 교육이 나를 맞이할까? 주역 64괘의 순서가 내 생애의 단계별 교육 수준을 지시하고 있는 것은 아닐까? 내 인생의 여정이자 삶의 교육과정! 그 '커리큘럼(curriculum)'은 어떤 양식으로 살아 있는가? 라틴어의 '쿠레레(currere), 곧 '뛰다'라는 의미에서 나온 '커리큘럼'이라는 말이 나를 다시 잡는다. 경기장에서 '달리는 코스(race course)'인 경주로(競走路)! 내 인생의 경주는 어떤 길을, 어디쯤 달리고 있는가? 나의 재미난 경주로, 그 생활 영역의 총체를 다시 확인하자!

스마트폰을 사용하며 놀라듯이, 정보·지식의 양은 기하

급수적으로 증가하고 있다. 사회 구조도 급격한 변화를 경험한다. 이런 시대에 내 삶을 재미나게 하는 지식이나 지혜는 어디에서 찾아야 할까? 모든 지식을 터득할 수도 없다. 더구나 교육자로서 가르칠 지식을 선정하기도 쉽지 않다. 하지만 지성을 예비하는 고등교육, 그 리더십 향상을 위한 기본 지식과 지혜는 충실하게 고민해야 한다. 이 지점에서 그 실마리를 모색해 본다. 주역 64괘가 보여주는 삶의 양상에서 그것을 고려하면 어떨까? 진지하게 성찰 중이다!

홑옷 안에 주역은*

서정화

10년 전 그해 초가을은 하늘이 유난히도 유리처럼 투명했지. 자네가 처음 내 강의실을 불쑥 들어오던 그때 행색은, 비록 그곳이 대학 평생교육원이기는 해도, 그야말로 교실을 잘못 찾은 사람처럼 보였지. 아니, 그 자체였네. 당시 그 수업에서 수개월간 지속적으로 진행해 왔던 강의는 노자『도덕경』원전 강좌였고, 더구나 교재는 '메이드-인 차이나'였는데 말이야.

자네의 모습은 뭐랄까, 머리카락에 밥풀 묻혀가며 어린 자식들과 씨름하는 정신없는 삶 속에서 마음의 공허함을 어쩌지 못하는, 그래서 그저 평생교육원 같은 곳을 전전하며

---

* 홑옷으로 옮긴 '경의(褧衣)'는 의금경의(衣錦褧衣)에서 따온 말이다. '비단옷을 입고서 그 위에 홑옷을 걸친다.'는 뜻으로, 미덕을 갖춘 군자의 겸손을 상징하는 성어로 쓰인다. 움직일 때마다 홑옷 자락 밖으로 그 안에 갖추어 입은 비단옷의 광채가 언뜻언뜻 보이듯, 군자가 자신의 훌륭한 덕을 자랑하지 않고 가리려고 해도 순간순간 드러나게 된다는 의미가 담겨 있다(『시경』의 「위풍衛風」편 〈석인碩人〉 시와, 「정풍鄭風」편의 〈봉丰〉 시에서 '의금경의' 시 구절을 찾아볼 수 있다).

조금 과하다 싶을 만큼의 지적 사치만 추구할 뿐, 그곳에서 찾을 수 있는 유희와 희열의 진정한 향유의 경지는 전혀 모르는 완전 초보자처럼 보였거든. 난 아주 '비싼(!)' 스승이고 그곳의 내 제자들 역시 일반인들이었긴 했어도 연륜 높고 인품까지 갖춘 보통 이상의 실력자들인데, 아무나 내 문하에 들일 수는 없는 일이지 말이야.

　이후에 자네가 보여주었던 진전은 나에게 아주 소소한 기쁨을 주긴 했으니, 그때 자네를 받아준 결정은 그런대로 괜찮은 판단이었네그려. 그리고 그때의 인연에서 돌고 돌아 결국 큰 배움의 일단락을 내 문하에서 마쳤으니, 자네 입장에서는 사람의 삶은 정말 알 수 없는 인연들로 가득 찼다고 말할만하겠군.

　자, 본론으로 들어가지. 자네가 주역을 논하겠다고? 하긴 생각하기에 따라서 주역을 너무 고명하고 오르기 어려운 책으로 생각할 수 있겠지만, 다른 한편으로 그것은 단순한 점서일 뿐이지. 점보는 책 말이야. 맞아, 그것은 신화 같은 이야기에서 언제인지도 모를 까마득히 아주 오래전에 살았다는 복희씨(伏羲氏)라는, 그 사람인지 이무기인지 하는 인물로부터 시작된 것이라고들 하지. 다름 아닌 한나라 때의 역사학자였던 그 유명한 사마천(司馬遷, BC.145?~BC.86?)도 그렇게 들었다고 하니 뭐. 그러나 상식적으로 그것을 믿는 이가 있겠어? 바로 지금 현재 말이야. 일단은, 그렇다 치고.

　그래 맞네. 주역은 단 하나의 책인 듯하지만, 그 저술자도 여러 명이고 합본된 책 역시 여러 개로 이루어진 종합본이라 할 수 있지. 게다가 그것은 보통의 책처럼 문장으로만 이루어진 것이 아니라 그림까지 포함된다네. 그 그림이 오히려 기본 골격이지. 복희씨라는 인물이 만들었다고 하는 그것. 거 있잖나, 대한민국 태극기의 네 모서리 쪽에 각각 그려진 세 줄짜리 작대기 그림들 말이야. 그 줄 각각 한 줄씩을 '효(爻)'라고 말한다네. 효의 한자인 '爻'는 보이는 바와 같이 그저 여러 개의 작대기들일세. 한자가 어려운 가운데에서도 쉬운 이유는, 바로 이처럼 그림문자에서 파생된 것이기 때문이지.

　태극기 그림에서 보았다시피, 그 작대기 모양의 효(爻)는 중간에 끊어진 형태[--]와 안 끊어지고 이어진 형태[—] 두 가지 형식이 있어. 태극기에 그려진 그것들처럼, 3개 줄이 한 세트인데, 그 한 세트를 '괘(卦)'라고 말하지. 그것을 위아래로 포개어 6개 줄 즉 6효(六爻)로 만든 것을 대성괘(大成卦)라고 하니, 3효(三爻)짜리 한 세트로 작게 이루어진 것은 소성괘(小成卦)가 되겠지. 끊어지고 안 끊어진 두 가지 형태의 효인 일명 음효(陰爻--)와 양효(陽爻—)를 뒤섞어 조합하면, 소성괘는 8가지가 나오고, 대성괘는 64개까지 나오는데, 앞에서 말한 복희씨가 만들었다고 하는 괘는 바로 이 소성괘이네. 모양은 다음과 같고, 그 이름도 각각으로 부여되어 있다네.

건(乾☰)·곤(坤☷), 진(震☳)·손(巽☴), 감(坎☵)·리(離☲), 간(艮☶)·태(兌☱).

이들 여덟 종류 중에서 우리 태극기에 보이는 것 네 개를 금방 골라낼 수 있겠지? 힌트를 주자면 '하늘' '땅' '불' '물'을 상징하는 괘를 고르게. 더 어려운가?

그런데, 이 소성괘만으로는 따로 점을 칠 수 없는데, 어떻게 복희씨는 그것만 만들고서 일을 다 했다고 생각했는지 모르겠단 말이지. 그가 만들었다는 말이 진짜라면, 그리고 그것을 점칠 목적으로 만든 것이 사실이라면, 아마도 이 8개의 소성괘만 갖고도 점을 칠 수 있는 규칙이 있었던 것이었을지도 모르겠군. 어쨌든 지금 알려진 주역 이론에서는 이 소성괘만으로는 점의 결과를 알 수는 없네. 진짜 점을 칠 수 있으려면, 이 '8개 종류 3효(三爻) 소성괘' 두 세트를 상하로 포개 놓아서 '64개 종류까지 나오는 6효(六爻) 대성괘'는 되어야 하지. 참고로 그것들을 정해진 순서대로 나열한다면, 음…, 일단은 너무 많으니, 대부분은 생략하고 대충 이렇다네.

건(乾☰)으로부터 시작하고, 그 다음은 곤(坤☷), 아! 이 건괘와 곤괘만큼은 소성괘 이름 대성괘 이름이 모두 같다네. 딱 봐도 줄이 세 줄[☰건, ☷곤]과 여섯 줄[☰건, ☷곤]이라는 것

빼고는 줄 모양이 한결같지 않은가 말이지. 계속 이어서, 준(屯䷂), 몽(蒙䷃), 수(需䷄),… 등등, 그리고 기제(旣濟䷾)를 지나서, 미제(未濟䷿)에서 64개의 대성괘가 모두 끝난다네. 자네말이지, 64괘 전체가 기억나지 않으면, 요즘 인터넷이 모르는 것이 뭐 있겠나. 이 64개의 대성괘는 약 3천 년 전에 살았던 주나라의 문왕이 만들었다고 하니, 3효짜리 소성괘 그림과 6효짜리 대성괘 그림의 출생 연대 차이는 무려 수천 년이나 된다네. 믿거나 말거나, 기록상으로 말이야. 어쨌든 실제 역사적 인물인 게다가 인수 동체도 아닌 진짜 사람 모습인 문왕 이야기에 오니, 사실 신빙성이 서서히 느껴지지 않는가?

본격적인 주역 콘텐츠는 이제부터인데 말일세, 사실 그 그림만으로는 완전한 수수께끼일 뿐이지. 사람이 얼굴만 있고 아무런 말도 표정도 몸동작도 없는 것과 마찬가지이니, 우리가 그 몇 가닥의 작대기 줄 그림들만으로 무슨 의미를 찾아낼 수 있겠는가 말이야. 그런데 말이지, 그 문왕이 64개의 괘에 말까지 덧붙였다고 한다네. 그 괘에 부가한 말을 '괘사(卦辭)'라고 부르는데, 정말로 의미 있는 '말'이라고 생각하지 않나? 사람들의 입에서 쏟아내는 말도 의미 있는 말이어야 할 텐데 말일세. 괘사란, '점치는 것을 판단하여 「말」해 주는 것, 아니, 「글」이라고 하면 이해하기가 수월할까?

예를 하나 들자면, 어떤 괘사에는 "密雲不雨(밀운불우)." 즉,

"먹구름이 빽빽한데 비는 안 내리는구나."라는 '말'이 있지. 말만 들어도, 어떤 일이 풀릴 듯 잘 안 풀리고 있다는 모양새이지? 그 괘사에 해당하는 괘, 즉 대성괘 모양은 ䷽ 이런 모양인데, 그 괘 그림의 명칭은 소과(小過)괘라고 하네. 즉, 점을 쳤는데 점 친 결과가 ䷽ 이런 그림이라면, 그 괘의 상태를 대표하는 간판 명은 소과(小過) 즉, '조금 지나침'이 되고, 그 괘에서 말해주는 '점단(占斷, 점의 판단의 말)'인 괘사는 "밀운불우"가 되는 것이지. 또 많은 괘사에는 자네도 알다시피, "~하니, 길하구나." "~하니(하면), 흉하도다." 내지는, "~하니, 반성해야 할 일이 있구나." 등등의 표현들이 아주 많이 있다네. 어쨌든 이것은 점단을 직접 설명해 주는 말이 되니, 그저 작대기 그림만 존재했던 것과는 차원이 다르지 않는가? 이제부터 알짜가 등장한 거지.

　이 괘사를 만든 이가 바로 문왕이라고 했지? 그런데 그의 여러 자식 중에서 경전에 특히 자주 등장하는 인물이 둘이 있다네. 그들이 바로 문왕의 뒤를 이어 임금이 된 차남 희발(姬發)과, 4남인 희단(姬旦)이지. 아들 덕에 서백(西伯) 작위에서 왕으로 추존된 이 문왕은 그런대로 자식 복이 참 많은 사람이라고 생각하는데, 무왕인 희발은 부왕께서 미처 끝내 이루지 못하였던, 은나라를 무너뜨리고 중원의 새 지도자가 되는 대업을 달성한 최고의 효자이지. 부모의 훌륭한 뜻을 이어받아 이루었으니 그보다 더 위대한 효도가 어디 있겠어? 요즈음 흔히들 농담처럼 말하지, '전생에 나라를 구했냐.'라고. 희발은 나라를 구한 것을 넘어서 더 큰 나라를 세웠지. 한 사람의 통제를 받는 그저 작은 제후국에서, 일약 천자의 나라인 천자국을 세운 거야. 희발이 부왕인 문왕으로부터 유업으로 이어받은 임무가 바로 그것이었어. 물론 당연히 군이 말할 것도 없이, 선군(先君)의 대에서 아버지가 닦아 놓은 길이 있었기 때문에 가능한 일이었을 터이고, 경전에서도 다들 그렇게 말하고 있다네.

그리고 그 4남이라는 희단은 말이지, 시호가 문공(文公)이라서, 그를 '주공(周公)' 내지 '주공 단(旦)'이라고 흔히들 불렀지. 경전에서 그 이름은 형인 무왕보다 사실상 더 많이 등장한다네. 그가 이룬 업적이 워낙 많아서 말이야. 역사적으로 그는 문무겸전(文武兼全)하였던 인물인데, 특히 문(文)의 분야에서 최고라 할 수 있어. 온갖 스포츠와 무술 실력이 뛰어난 학생이 알고 보니 모범생 수재 문과생이었던 거지.

사실상 문왕의 유업을 '이룬[成]' 것은 희발이지만 그것을 '완전히 이룬[完成]' 것은 희단이라고 할 수 있다네. 조선왕조에서 태종 이방원과 비교해서 세종대왕이 이룬 것을 생각하면 주공의 업적을 가늠할 수 있을 게야. 아! 그렇다고 오해는 말게나. 희단은 희발의 후계자 아들이 아니라 동생이고, 또 왕 역시 아닐세.

주공, 바로 그 희단의 많은 업적 중 하나가 효사(爻辭)를 지었다는 것일세. 앞서 여섯 개의 효(爻)로 구성된 대성괘가 64개가 된다고 하였지. 그 각각의 효는 모두 384개가 되지 않겠나? 그 각각의 효에 부가한 '점치는 것을 판단하여 말해주는 글'이 바로 효사이지. 앞의 괘사 설명도 이렇게 말했지? 그렇지. 괘[대성괘] 그림에 부가된 점치는 것을 판단하여 말해주는 글은 '괘사'이고, 효 그림에 부가된 점치는 것을 판단하여 말해주는 글은 '효사'일세. 이렇게 설명하면 이번 신입생들이 괘사 효사에서의 '사(辭)'가 무엇을 의미하는지 감이 좀 잡힐까나? 당연히 효사 역시 괘사와 같은 점단의 말인 거지.

그런데 지금껏 내가 점이라고만 말했지만, 괘사는 물론 효사에서는, 시각적이면서 현상적인 요소인 상(象)도 대체로 포함되어 있다네. '상'이 무엇인지 구체적인 예를 들자면 말이지, 괘사 내용에 있어서는, 앞서 말했던 소과괘(䷽)에서의 "밀운불우(密雲不雨)"가 그러한 일례가 될 수 있을 듯하네. '밀운(密雲)'은 머릿속에서 그 상이 그려지지 않는가? 먹구름으로 하늘이 꽉 막혀서 대낮이라도 어둑어둑 한 상태의 그런 상이 그려지지 않는가 말일세. 효사에서는, 음…그 많은 384개 중에서 어떤 것을 골라 말해줄까? ䷯ 모양인 정(井)괘의, 그 아래에서 네 번째 그림의 효사를 예로 볼까? 주의하게나! 주역의 괘 그림은 위가 아닌 아래의 효부터 헤아린다는 것을.

정괘(䷯)의 그림에서 ⚏ 모양이 보다시피 세 개가 있어도 다 똑같은 ⚏[음효]가 아닌 걸세. 주역은 괘 그림에서 해당 효가 자리하는 그 위치가 아주 중요하지. 어쨌든 지금 나는 정괘에서의 딱 네 번째 그림[⚏ 모양]을 설명하고 있네. 헷갈려 하지 말고, 정신 차리게. 우선 그 정괘의 간판 명은 '정(井)' 즉, '우물'인 거고, 그 괘의 아래에서 네 번째 효(爻)의 '말'인 그 효사에는 "井甃(정추)." 즉, "우물에 벽돌을 쌓도다."라는 말이 달려있다네. 그것이 의미하는 것은, 깨끗한 우물물을 먹을 수 있도록 벽돌을 쌓아서 '우물을 보수한다'는 의미일세. 즉, 이 효에서는 '새 벽돌로 말끔하게 보수하는 상황'의 상(象)이 있는 것일세. 이 정도면 일단 주역이 어떤 원리인지는 초보자라도 감이 딱 잡히겠지?

그런데 말이지, 주역의 구성이 여기까지라면 '그 주역'이 아니지. 주역에는 바로 이 구성까지의 주역을 훨훨 날아오를 수 있도록 해 주는 날개와 같은 설명문이 10권이나 추가되었다네. 그것을 열 개의 날개 즉, '10익(十翼)'이라고 부르지. 주역에 대한 이론적이고 철학적인 해석이 부가된 것들로서, 「단전彖傳」, 「상전象傳」, 「계사전繫辭傳」, 「문언전文言傳」, 「설괘전說卦傳」, 「서괘전序卦傳」, 「잡괘전雜卦傳」 등과 같이 모두 '전(傳)'이라는 이름으로 불린다네. 상·하권으로 나뉜 것을 하나로 보면 실제로는 10종이 아니라, 보았다시피 7종인 게지.

이것들 10익을 보통은 공자(孔子, BC.551~BC.479)가 지었다고 믿어 왔는데, 지금의 학계에서는 그 말을 그대로 믿는 경우는 드물다네. 그 저자는 알 수 없을뿐더러, 전국시대(BC.475~BC.221)부터 한나라(BC.202~AD.220) 때까지 시대를 달리하여 완성된 것이라는 견해가 일반적인 판단일세. 이처럼 공자의 유명세는 어제오늘의 세월이 아닌 게지. 10익이 비록 공자가 친히 지은 것이 아니라고 하더라도 말일세, 이 10익 없이는 주역의 의미를 이해하는 것은 참으로 어려운 일이라네. 경전으로서의 그것의 위상은 대단한 것이라는 말이지. 그도 그럴 것이, 주역 괘사와 효사의 문장 표현은, 경우에 따라 상고대의 선사시대 암호처럼 느껴질 때도 있으니 말일세.

앞서 정괘에서의 '井甃(정추)'라는 효사를 '우물에 벽돌을 쌓도다.'라고 해석하고, '새 벽돌로 우물을 말끔하게 보수하는 상황'으로 이해할 수 있었던 것은, 바로 그 '날개[翼]'에서의 해설 덕분이지.

10익 중에서, 본연의 점치는 도구로서 가장 긴밀히 사용되는 것은 「단전」과 「상전」이라 할 수 있는데, 그야말로 주역의 모든 괘사와 효사의 구체적인 해설서라 할 수 있다네. 어쨌든 흔히들 말하는 '주역'이라는 책은 바로 여기까지를 모두 아우른 것을 말하는 것이니, 그 하나의 점서(占書)가 수백 년, 아니 진짜 수천 년의 길고 긴 세월을 거쳐 완성된 책이라는 것이 실감이 나겠지?

자, 여기까지는 원론적인 이야기였고, 자네가 말하고 싶은 것은 무엇인가? 무슨 주제를 어떤 관점에서 말하고 싶은 겐가?

선생님의 귀한 강론을 다시 들으니 은혜로운 감회로 가슴이 벅차오릅니다. 저는 아직 보고 들을 것들을 완벽히 채우지 못한 상태입니다만, 그래도 하문하신다면 제가 토로하고자 하는 것은 다음과 같습니다. 주역이라 함은 '주(周)나라의 역(易)'이라는 의미이니, 그냥 '역'이라고 말해도 뜻은 통합니다. 한편으로 역(曆달력), 역(易주역), 역(歷역사) 이 세 가지 것들을 같은 범주에서 말하기도 합니다. 그것들 모두 '변화'를 다루는 특수 전문 분야라서 그런 말이 있는가 봅니다.

가운데의 역은 몰라도 적어도 앞뒤의 두 역은 서로 밀접한 관련이 있기는 합니다. 고전에서 '曆(역)'과 '歷(역)'은 서로 호환해서 쓰인 글자들인데요, 그도 그럴 것이 옛날의 어떤 사건에서, 모년 모월 모일[역曆]을 기재할 수 없는 것은 역사[역歷]라고 말하기 상당히 애매하거든요. 적어도 사건 발생의 정확한 날은 몰라도 그 연과 월까지는 기재되어 있어야, 그것이 '옛날 옛적에 ~'라고 말하는 단순한 이야기가 아닌, 진정한 역사가 아닐 런지요.

우리나라의 『삼국사기』와 『고려사』 또 그 이름도 자랑스러운 『조선왕조실록』 등은 모두 사건 발생 시기가 일자까지, 혹은 못해도 월까지는 정확히 기재되어 있지 않습니까? 예를 하나 들자면, 『삼국사기』에 신라의 시조 박혁거세가 즉위한 때는 기원전 57년 음력 4월 15일이었다고 합니다. 실제 기록에 "전한의 선제(宣帝, 재위 BC.73~BC.49) 때, 그의 다섯 번째 연호 오봉(伍鳳, BC.57~BC.54)까지 사용한 연호 원년인 갑자(甲子)년, 4월 병진(丙辰)일"이라고 되어 있는 것을, 오늘날에 사용하는 서력의 연도와 또 당시에도 사용했었던 음력의 월과 일로 환산한 것이지요. 물론 학자들 사이에서 4월 병진일이라는 그 시기에 대한 다소의 의혹과 이론(異論)이 있기는 하지만, 그래도 "옛날 옛적 꽃가루 날리던 그 언젠가 말이야, 혁거세라는 이가 임금이 되었다는데,…"가 아닌 것이 어디입니까? 자그마치 기원전의 시기에 말입니다.

그런데 이 달력이라는 것이요, 아, 물론 전통적으로는 '책력'이라 불렀지요. 책력은 '책(冊)으로 엮은 역(曆)'이라는 의미로서, '역(曆)'은 해와 달의 운행을 가지고 연과 월을 분류할 수 있도록 담당 관원이 일일이 수치로 계산한 것을 말합니다. 오늘날의 컴퓨터는 물론 계산기도 없던 그 시절에 말이죠. '책(冊)'은 그렇게 계산한 것을 글로써 정리한 것입니다. 그 책이라는 것이 말이죠, 동양에서는 책력을 춘추시대(BC.770~BC.476) 이전에도 사용했지 않습니까? 춘추시대의 역사서인 『춘추(春秋)』가 그 증거이지요. 후한 때의 채륜(蔡

倫, 50?~121?)에 의해 종이가 발명되고 또 상용화가 이루어지기 이전까지, 수백 년 혹은 어쩌면 수천 년 동안에요, 나무를 판자처럼 납작하게 다듬어서 양변에 일률적인 작은 구멍들을 내고, 썩거나 쉽게 부서지지 않는 가공을 거친 후, 그 나무판들을 가죽끈으로 묶어 여러 개를 연결해서 [아, 바로 그것이 책입니다. '책(冊)'이라는 그 한자의 모양에서 실제 모습이 어떨지 짐작할 수 있겠지요.] 그 나무판 위에 글을 써 내려갔으니, 정말로 '책(冊)'과 '역(曆)' 즉, '책력' 하나가 나오는 공정이 얼마다 숨이 차도록 대단한 일이었을지 알 수 있겠습니다. 천문 수학 분야의 영재 관원들과, 노련한 목조 기술자 관원들의 종합예술작인 셈이죠.

어찌 되었든, 이처럼 달력[曆]과 역사[歷]는 정말로 긴밀한 상호 작용 속에 있었던 것은 분명하다 말할 수 있습니다. 그런데 이 역(曆달력)을 역(易주역)에 결부시켜 말하는 것은요, '변화'라는 것을 공통점으로 굳이 내세우긴 했지만, 어쩐지 한 단계 이상의 설정이 더 필요해 보이는 연결입니다. 주역이 복잡하면서도 어렵다고 인식하게 된 것은 어쩌면 이 두 가지를 동일 범주에 두었기 때문은 아닐까 생각합니다. 그리고 송나라(960~1279) 때 확실히 그러하였고요.

옛날 아주 옛날 담배조차 없어 무료했을 호랑이 살던 그 시절, 복희씨라는 인물이 처음 괘 그림을 만든 사건부터 해서 10익의 탄생 때까지의 그 셀 수조차 없는 긴긴 세월 동안, 주역은 점점 쉽게 풀이할 수 있는 방향으로 진화해 갔습니다. 솔직히, 마지막 시점인 10익의 출현은 비록 주역에 심오한 철학성이 부가되기는 하였어도, 주역의 괘 그림과 괘사·효사를 해석하는 데에 있어서 큰 도움이 된 것이 사실이었지요. 그것들이 없었다면 비록 글자들이 멀쩡히 있었어도 아마 의미 풀이가 그리 녹록치 않았을 것입니다. 그런데요, 송나라 때 이후 활발히 전개되기 시작한 [두 갈래의 상반된 이론 중 하나로서의, '다시 부상한'] 주역의 '새로운' 바람은, 앞의 경우와는 반대로, 세월이 흐를수록 점점 더 고원해지면서 복잡난해해지는 방향으로 흘러갔습니다.

송나라 이래의 성리학자들은 이 주역에 난데없이 24절기를 대입하기까지 했더군요. 바로 역(易주역)과 역(曆달력)을 밀접하게 결부시킨 것입니다. 64개의 괘 그림 하나하나를 1년간의 시후(時候): 춘하추동 4계절의 절후에 대입한 것입니다. 그 실례는 다음과 같습니다.

䷚ 이 모양[이頤괘]과, ䷂ 이 모양[준屯괘]과, ䷩ 이 모양[익益괘]은, 소한(小寒)부터의 괘 그림이라고 합니다. 소한이면요, 양력 1월 6일 전후의 시기입니다. 절기력은 태양력이므로 음력이 아닌 양력으로 대입하는 것이 더 명확하죠. 24절기 각각의 간격은 거의 일률적으로 대략 15~16일 정도입니다. 다시 또, 진(震䷲), 서합(噬嗑䷔), 수(隨䷐)를 소한 다음의 절기로서 약 15일 후에 있는 대한(大寒)부터의 괘로 대입하였습

니다. 무망(无妄䷘), 명이(明夷䷣)는 바로 그 다음 절기인 입춘
(立春)부터의 괘라고 하고요. 거 있잖습니까, 2월 5일 전후의
바로 이 절기 때가 되면 정동진의 해돋이 보러 많이들 가시
지 않습니까? 계속해서, 비(賁䷕), 기제(既濟䷾), 가인(家人䷤)은
우수(雨水) 때부터의 괘라고 하고요.

64개나 되는 괘를 일일이 모두 말씀드리기 숨이 찹니다.
이 정도까지만 하고요, 대략 이런 식이라는 것이지요.

그 괘 그림들 자체의 모양만 갖고는 각각의 절기(節氣)와
연결 짓는 것이 쉽지 않습니다. 어쨌든 지금 제가 말씀드리
는 이야기는 성리학자들의 학설을 집대성해 놓은 책인『성
리대전』에 수록되어 있는 것으로, 호방평(胡方平, 송나라 말~
원나라 초)의 소주(小註)에 있는 내용입니다. 그는 소옹(邵雍,
1011~1077) 선생의 관련 학설을 가지고 괘에 절후(節候)인 24
절기 72후[시후]를 배치하였다고 말합니다.

그런데 이 호방평 방식의 설명은, 그 이전 주희(朱熹, 1130~
1200)가 주장한 바 있는 것으로 보이는 글이 있습니다. 그 글
은 바로 이 호방평이 저술한『역학계몽통석』이라는 책에서
입니다. 그 책에는, 앞의 호방평의 주장을 거의 비슷하게 펼
치고 있는 주희의 말을 인용한 글 옆에, '괘와 절후를 관련
시켰던 그 주장을 시각적으로 잘 나타내 줄 수 있는 커다란
도면'이 삽입되어 있습니다. 64개의 괘를 동그라미 형태로
정갈히 나열하고 각각의 해당 괘 그림 옆에 작은 글씨로 24

절기 각각의 명칭이 적혀 있는 도면입니다. 그리고 이 주희의 인용 글과 그림은 『성리대전』 권17 「역학계몽」편에 고스란히 편집되어 있습니다.

물론 주희가, 태극(太極)→양의(兩儀)→사상(四象)→팔괘(八卦)로 분화 확장되는 기존의 방식(「계사전」)에서 더 나아가서, 16괘→32괘→64괘라고 하는, 이른바 가일배법(加一倍法)을 통해 64개 괘의 순서를 자못 합리적인 듯해 보이는 방식인, [주희가 그런 방식을 직접 제시한 것인지 혹은 수용한 것인지는 잘 모르겠습니다만.] 그런 가일배법이라고 하는 방식을 말했던 것은 사실입니다. 그리고 그 그림 안에서 자(子-북)·오(吾-남)·묘(卯-동)·유(酉-서)라고 하는 공간적인 방향을 대입시킨 것 역시 사실이고요.

그런데 말입니다, 그 64개의 괘와 시간의 마디마디인 절후를 직접 관련시킨 사람이 바로 주희 자신이었는지는, 잘 모르겠습니다. 확실해 보이지 않습니다. 그렇다고 저를 너무 의심쟁이로 꾸짖지는 말아 주십시오. 그 의심이 적절한 질문을 낳을 수도 있고, 그 질문으로 인해 다시 향후 '굳세게 걸어가야 할 근원의 목표 지점'을 보게 될 수도 있을 테니까 말입니다. 공자 이래 유학에서 지향했던 도(道)라고 하는 것 역시 그렇게 시작된 것이 아닐 런지요?

어찌 되었든 주희가 동서남북 사방에 특정 괘를 배치한 것은 그런대로 납득은 됩니다. 사실, 이런 납득도 그러한 정보의 습득이나 교육을 이미 언제인가 받았기 때문인지도 모르겠습니다. 어쨌든, 64괘 전체를 가지고 '모든 절기'에, 괘를 2~3개씩 짝지어 배치시킨 것은 일단 흥미롭고 재미는 있습니다.

그렇지만 제가 보기에 그것은요 정말, 괘를 가지고 벽돌 쌓기 레고 놀이하듯, 식자(識者)들이 즐기는 현학적(衒學的)인 유희 같습니다. 64괘 그 무엇에도 특정 절후에 부속시킬 만한 것, 괘 그림이든 괘사(卦辭)이든 간에요, 도대체 그것을 어떤 괘(卦)가 자기가 그렇다고 말해주고 있습니까?

저는 잘 모르겠습니다. 64괘와 24절기를 일일이 대입시킨 그 도면을 과연 주희가 직접 작성한 것인지. 나름 그 도면의 출처에 대해 확인하여 보았지만, 아직까지 주희가, 더 나아가 소옹이 그려낸 것이라는 확실한 증거를 찾지는 못하였습니다. 물론 그런 방식이 주역에 대한 성리학에서의 정론은 아닙니다. 그러나 적어도 그것에 대해 굳은 믿음들은 있지요. 보통은 위와 같은 '64개 괘와 계절의 시시각각을 관련지은 것'을, 소옹 선생으로부터 나온 것이라고 여기면서 위계를 높여줍니다.

소옹하면 딱 떠오르는 것이 바로 『황극경세서(皇極經世書)』아닙니까? 『성리대전』에 편집된 그것에는 64괘방원도(六十四卦方圓圖)가 주석처럼 포함되어 있습니다만, 소옹의 원본에서는 그와 같은 그림을 찾지 못하겠습니다. 바로 이 그림의 이름을 사람들은 '복희씨의 그림' 내지는 '선천도(先天圖)'라고 부르던데요, 성리학을 집대성한 주희 선생도 말했다시피, 선천도, 더 구체적으로 풀어 말하면 복희64괘도(伏羲六十四卦圖)라는 것은, 소옹이 만들어 낸 것이 아니라 옛날 방사(方士)의 학설에서 가져온 것이라고 합니다. 방사는 일반적으로 진(秦)나라와 한(漢)나라를 전후하여 크게 성하였던 도사와 같은 방술사를 지칭하는데, 주로 미래의 일에 대한 주술적인 예언을 일삼았던 이들이었지요.

춘추·전국시대, 아니 적어도 춘추시대만이라도 원칙적으로는 '주나라 시대'에 포함시킵니다. 그 당시의 사람들이 갖고 있었던 주역에 대한 관념을 쉽게 판단할 수 있는 말이, 『춘추』의 문장을 해설한 전국시대의 『춘추좌전(春秋左傳)』에서 찾을 수 있습니다. 일단 그들이 생각한 주역은 점치는 도구임에는 분명합니다. 그리고 '현상을 위주로 길흉을 보여주는' 상나라(商, BC.1600?~BC.1046?) 때의 '거북점'과 상대해서, '주역점'은 '많고 적음 내지는 크고 작음과 같은 수량[數]을 위주로 길흉을 알려준다'고 인식했습니다.

참고로, 거북점이란 거북의 배딱지를 불에 태워서 그 갈라지는 틈을 보고 길흉을 판단하는 점법으로, 그것과 주역점의 점치는 원리는 전혀 다릅니다.

주역의 점괘를 내는 방식은 시초(蓍草)라고 불리는, 흐느적 휘어지지 않으면서 가늘고 길쭉한 풀대 50개로 하는 기본 방식이 있는데, 그냥 세 개짜리 동전을 여섯 차례 던진다거나[대성괘의 효(爻)가 여섯 개이므로] 아니면 더 쉽고 빠르게 할 수 있는 다른 방법을 개인의 취향에 따라 고안해 낼 수도 있습니다. 일단 점치고자 하는 결과를 알 수 있는 64개 괘(卦) 중의 '특정 괘'와, 그 괘에 포함된 여섯 개 효(爻) 중에서의 '특정 효'가 결정되기만 하면 되는 일이니까요. 앞에서 호방평의 설명에서 볼 수 있는 송나라 때 성리학자들의 주역, 아니 세밀하게 말하자면 '주역의 상수학설 분야'라고 해야겠지요? 그것과 주나라 때의 그 진짜 주역의 느낌 차이가 너무 크다고 생각하지들 않겠습니까?

더군다나 더 이해가 안 되는 것은 이겁니다. 송나라 때의 그 독특한(!) 주역 학설을 펼친 사람들이 주장하길, 애초부터 복희씨가 64괘 전체 그림을 만들었고, 또 거기에 더해서, 복희씨가 그 괘들에 절기까지 대입시켰다고 말합니다. 사실 중국에서 완비된 상태의 24절기 산출 값의 출현은 빨라도 춘추시대 말 내지는 전국시대 초 즈음입니다. 24절기 추산 능력을 갖춘 시기를 반만년도 더 된 복희씨 시대였다고 우긴다면, 정말로 난감한 일이 아닐 수 없습니다.

춘추시대의 책력 제작 수준을 알 수 있는 충분한 근거가 있지요. 바로 춘추시대 전체를 말하는 역사서인 『춘추』가 있지 않습니까? 그 『춘추』에는 당시의 책력 체계를 알 수 있는 문장이 수두룩하고요, 또 그것의 설명서인 『춘추좌전』에서는『춘추』문장에서 간혹 보이는 잘못 계산된 윤달 산출 값을 지적하는 경우도 눈에 띕니다. 그러니, 후대의 한나라 무제(武帝, 재위BC,141~BC,87)가 만들었던 훨씬 훌륭해진 책력 수준을 결코 춘추시기의 그것과 나란히 비교시킬 수는 없는 일이지요. 아시다시피 한 무제 때 만들어낸 태초력(太初曆)은 전 대와 비교해서 상당한 수준의 태음태양력으로 알려져 있지 않습니까? 무제 이후로도 계속 진화했던 책력 제작 기술력은 춘추시기와 같은 다소 어설픈 책력 수준과 확연히 구분됩니다.

1년을 약 5.07일로 정밀 등분한 72후(候)는 고사하고, 24개 절기 전체를 완벽히 산출(算出)하는 기능과 기술력을 갖춘 시기에나 나올 법한, 그와 같은 64괘와 절후와의 연결고리를 어떻게 복희씨라는 인물이 만들었다고 주장할 수 있는지 정말 알 수 없는 일입니다. 저는 소강절이나 그 외 기타의 송나라 때 상수학설에 입각한 주역에 대한 호오(好惡)의 감정이 있거나 시비(是非)를 가리자고 할 의도는 전혀 없습니다. 아니 오히려, 특정 분야의 위대한 성과와 장점을 그 속에서 찾을 수 있다고 생각합니다.

다만 제가 주장하고 싶은 것은 이렇습니다. 그것들을 주(周)나라의 역(易)인 주역이라고 하지 말고, 송나라 역인 '송역(宋易)' 내지는, 그것이 한나라 때의 상수역이라는 분야로부터 시작된 것이라고 한다면 '한역(漢易)'이라 부른다거나,

그도 아니면 두 시대를 합쳐서 '한송역'이라든가, 여하튼 주역과 철저하게 구분해서 이름 짓는 것이 어쩌할까 하는 말씀입니다. 보통 사람들이 헷갈리지 않도록이요. 그러나, 음…, '한송역'으로는 안 되겠네요. 한역과 이 송역은 역시 또 많이 다르긴 하죠.

천문점성술이 극성했던 한나라 때의 역(易)이 점(占) 본연의 기능에 충실하고 더욱 확장시킨 측면이 있었던 반면, 주역을 논하는 데에서조차도 점술적인 면을 치부로 여겼던 송나라 때 유학자들의 역(易-상수주역)은, 비록 한나라의 역을 끌어온 것이라고는 하지만 한나라 때의 그것과 개성이 분명 다르니 말이죠. 송대 유학자들의 역을 대하는 이중성을 보는 듯합니다."

그래, 자네 주장이 일리는 있네. 지금 현재 주역 학계의 해당 분야에서는 사실상 한역, 위진역(魏晉易), 당역(唐易), 송역 등등으로 분류해서 논하기도 한다네만, 역을 그와 같이 세분해서 정식으로 계통화하지는 않았지. 하지만 말이지, 정이(程頤, 1033~1107)를 중심으로 펼쳐진 송나라 때의 또 다른 주역 학설의 계보 역시 주나라 때의 그 주역과 완전히 같다고 볼 수는 없지 않는가 말이지. 정이의 주역이 형식적으로는 주나라의 주역과 더 비슷해 보이기는 해도, 그것 역시 다른 것임에는 분명하지 않은가? 그러나 비록 그렇다고 해도,

그것을 공식적으로 송역이라고 이름 붙이는 것을 찬성할 수 있겠는가 말이야. 앞의 경우는 상수역학(象數易學) 분야이고, 그 유명한 『역전(易傳)』을 저술한 정이의 주역사상을 중심으로 하는 이 의리역학(義理易學)분야 학설은, 사실상 주역에 대한 직접적인 주석을 가하는 형식으로 펼쳐진 것이니, 그것을 주역이라고 아니 부를 수 없다네.

의리적인 측면에서 주역을 해석한 것이 정이 주역의 특징인데, 의리(義理)란, '인간의 행동이나 태도에서 마땅히 행하고 지녀야 할 도리로서의 도덕적 규범 사상'을 말하고, 그것은 주나라 시대 사람인 공자의 유학사상에 기본 바탕을 둔 것이지. 그러니 그와 같은 의리주역 역시 주역이라고 해야 하지 않겠는가 말일세. 주희가 학문적으로 호응했던 정이의 이 주역은, 결정적인 숙명에 대한 예측이 아니라, 이미 주어진 상황 속에서 할 수 있는 최선의 가치를 실천하도록 해주는 지침서라는 기본적인 인식을 깔고 있다네. 이는 험한 바다를 항해하듯 살아가는 오늘날의 모든 우리들에게 자기 스스로 밝혀놓은 등대 불빛이 될 수 있는 아주 소중한 자아 성찰의 요소일세. 예전과 같은 미지의 근원에 대한 절대적인 신앙이 많이 사라진 이 시대에 말일세.

그래도 말입니다, 오기부리는 불평처럼 보일지 모르겠습니다만, 굳이 고집을 부려보겠습니다. 한나라 때의 이른바 상수역은 더 이상 주나라의 역이 아니라 한나라의 역입니다. 그것은 고대 천문학에 기반 한 책력, 특히 고대 점성술적 요소가 포함된 천체력(天體曆)을 상당 부분 대입한 것입니다. 따라서 그들 입장에서 '역(易)은 역(曆달력)이다'라고 외칠 수는 있겠지만, 주나라의 역인 주역은 그 자체를 달력과 직접 결부시킬 수는 결코 없습니다. 64개의 괘 그림이나 그 괘사 글귀에서 어떻게 달력의 시기 시기 날짜들을 떠올릴 수 있는가 말입니다. 다른 것은 몰라도 그러한 소위 상수주역 만큼은 '주(周)'역의 범주를 벗어난 것입니다 송나라 때 부활한, 주역인 듯 주역 아닌 주역 같은 그 한역을, 주역이라는 이름에 얹혀가지 말고, 정정당당한 자기 이름을 찾아내어 쓰는 것이 자기 확신의 떳떳함이 아닐 런지요.

성경으로 주역을 풀어보다

주시영

보통사람들이 살아가면서 갖게 되는 궁금증 가운데 하나는 앞으로 언제 닥칠지도 모르는 길흉화복(吉凶禍福)이 있다. 그것을 알기위해 점을 치거나 사주 등을 본다. 사실 한 사람의 미래를 예측하는 일은 쉽지 않다. 그에 앞서 나는 누구이며, 무엇을 하고, 어떻게 살아야 하는지 또는 이 세계는 무엇에 의해 왜, 어떻게 창조되어 어디로 가고 있는지 등의 궁극적인 문제가 해결되어야 한다. 이것들은 나와 이 세계에 대한 존재의 근거를 묻는 내용이다. 그동안 많은 종교와 학문영역에서 이에 대한 답을 구해왔다. 이런 답을 찾는 데서 내가 관심을 갖는 종교는 그리스도교요, 학문으로는 주역과 관련이 있다. 해서 그리스도교의 성경과 주역이 이들 문제에 대해 어떻게 다루고 있는지 잠깐 살펴보자.

성경에 의하면 이 세상과 인간은 하느님이 자신의 말씀으로 무에서 유를 창조했다. 그분의 권능은 천지만물을 창조한 데 그치지 않고, 세상의 변화와 운행, 인간을 포함한 모든 피조물의 생명과 삶을 좌우하는 데까지 미친다. 특히 인간만은 하느님이 자신의 형상대로 흙과 물을 소재로 손수 빚어 숨을 불어넣어 생명체로 만들었고, 그에게 번식하고 번창하는 데 필요한 양식과 권능을 부여했다.

인간은 하느님과 이웃에 대한 사랑을 실천하면 내세에 하늘나라에 들어가 영원한 생명을 얻게 된다는 신앙을 갖고 살아야 한다. 여기서 인간은 자기 삶에 대한 길흉화복 등을 예측할 수 없고 허용되지도 않는다. 오로지 하느님에 대한 믿음과 실천이 요구될 뿐이다. 그러면 그분께서 인간에게 필요한 일을 함께하면서 해결해 준다. 형식면에서 보면 하느님 말씀에 대한 실천여부가 길흉화복의 기준이 되는 셈이다.

한편 주역에서는 이 세상과 인간에 대한 창조주를 직접 언급하지 않고, 대신 세상이 생성되는 과정과 그 운행법칙 등을 주로 설명했다. 그것은 태극이라는 우주의 본체가 음양 작용을 하고, 이어서 음양이 사시로 분화 작용하여 오행의 변화가 발생하고, 이들 음양오행 작용에 의해 만물이 생장수장(生長收藏)하게 된다.

여기서 인간은 변화하는 우주질서 속에 살아가며, 또 인간 자체도 스스로 변화를 일으키며 살아가는 주체이므로 대내외의 환경변화를 인지하고, 그에 대처하며 살아가는 일이 중요하다. 주역은 현세의 삶을 중시한다. 현세에서 때와 여건의 변화에 따른 길흉화복을 미리 알고자 하는 것이 점이다. 천지만물은 자신의 변화하는 내용을 상(象)으로 나타내므로 점치는 자는 그 상의 변화를 통해, 즉 점을 통해 미래 발생할 일의 결과를 예측할 수 있다. 주역은 그 변화의 범주를 64가지 괘로 정해 놓고, 각 자의 삶에서 매 순간 부딪치는, 즉 변화하는 여건을 대입시켜 점을 친다. 그 점을 통해 나온 하나의 괘와 그것을 구성하고 있는 6개의 효로써 이루어진 상을 보고, 아울러 괘사와 효사 경문을 읽어 미래 일을 예측한다.

이처럼 성경과 주역은 점에 대한 입장과 방향을 달리한다. 비록 그러하지만 나는 두 경서가 일치할 수 있는 내용이 있다고 생각한다. 우선 양자가 근원적으로 추구하는 목적이 그것이다. 그것은 참된 인간을 만들기 위한 것으로서 사람이 인간답게 살아가도록 하는 데 있다. 성경이 강조하는 것은 하느님과 이웃에 대한 사랑이고, 주역은 인의예지와 같은 천리의 실천 또는 실현이다. 이들은 모두 인간이 소중한 존재로서 인간답게 살아가도록 하는 윤리도덕의 측면을 강조한 내용이다.

다음으로 양자가 만들어진 배경의 유사성이다. 예컨대 성경의 예수와 주역의 문왕은 각자 영역에서 모두 중시조에 해당하는 위치에 있었고, 각 경서를 저술케 하는 데 큰 영향을 주었다. 이들 경서의 상당부분이 그들의 생애를 배경으로 이루어졌으며, 두 사람의 삶에는 고통과 역경 그리고 영광이 서려있다. 그들은 인류의 스승으로서 영원히 존경받으며 추앙되고 있다.

좀 구체적으로 들어가 보자. 실제 성경과 주역에는 상호 통하는 여러 내용들이 있을 것이다. 나는 그 대표적인 것이 주역 택수곤괘(澤水困卦䷮)라고 생각한다. 이 괘의 내용을 성경에 등장하는 예수의 생애와 활동내용 등과 비교해보려고 한다. 곤괘에 대한 주역 자체의 풀이 내용과 성경 내용을 대조해서 비교해보려는 것이 그것이다. 철학적 근본 배경과 관점이 서로 다르고 또 선현들의 수많은 풀이가 있음에도 불구하고, 굳이 나의 풀이를 조금 보태는 것은 무리한 일이라는 점을 모르지는 않으나, 내 삶 속에서 무엇을 대하든 생각과 깨달음은 나의 몫이고 고전의 보편적 가르침을 찾아 수양하며 실천하는 것도 나의 책무라면, 마냥 의미 없는 일이라고 탓하지는 않았으면 좋겠다.

곤괘의 의미를 살피면, 먼저 그 괘상이 품고 있는 모습은 괘의 위에는 연못 태(兌), 아래에는 흐르는 냇물 감(坎)이 있는 상태에서 위 연못의 물이 빠지게 되는 것을 나타낸다. 연못에 물이 없는 것이 어려움의 상징이다. 또한 '곤(困)'이라는 글자의 뜻은 나무 '목(木)'이 사방의 울타리 '구(口)'

에 둘러 싸여 꼼작 못하는 상황의 내용이다. 목(木)과구(口)가 나온 근거는 곤괘 외호괘(外互卦)의 손목(巽木)과 상괘(上卦) 태(兌)에서 생겼으며, 오행개념으로는 손목(巽木)이 태금(兌金)에 의해 극(剋)을 당하고 있는 경우이다. 이들 내용은 모두 '곤(困)', 즉 어려움에 처한 딱한 상황을 나타내거나 의미하고 있다.

괘사는 "곤은 형통하고 올바르니[올바른] 대인이다. 길하고 허물이 없으니 어려운 상황에서 말이 있으면 믿지 않을 것이다."로 풀이된다.

이 풀이는 괘상과 '곤(困)'이라는 글자의 뜻을 생각할 때 의외로 좋은 의미를 품고 있다. 주역 저자는 대인(大人)의 경우 어려움을 잘 극복하고 사명을 완수할 것으로 보아 오히려 좋은 뜻인 형통으로 풀이했다고 본다. 이는 점을 쳐서 곤괘가 나왔을 경우 점치는 사람의 미래 일이 형통하게 되는 등 좋아질 것이라는 풀이가 된다.

한편 공자의 단전에서는 "곤은 굳센 것이 음에 가려짐이니 위험하지만 기뻐하며, 곤하지만 그 형통함을 잃지 아니한다. 오직 군자만이 그렇게 할 뿐이다."라고 했다. 이 역시 군자의 경우에는 어려움이 닥치더라도 올바름을 잃지 않고 견디어 냄으로써 오히려 형통하게 된다고 본 것이다.

또한 대상전에서도 "연못에 물이 없는 것이 곤이나 군자는 이 때 목숨을 다 바쳐 뜻을 이룬다."라고 했다. 이 역시 군자는 연못에 물이 빠지는 것과 같은 어려움을 겪더라도 목숨까지 바치며 사명을 완수한다고 풀이한 것이다. 이렇게 곤괘 괘사와 단전과 대상전을 포함해서 모두 어려움이 닥치더라도 대인과 군자는 그 어려움을 극복하여 자신의 뜻을 달성한다는 좋은 의미로 받아들였다.

이 같은 입장은 주역을 만든 문왕의 생애와 깊은 관련이 있는 것으로 보인다. 그는 주왕(紂王)의 견제와 탄압으로 유리옥(羑里獄)에 갇혀있으면서도 그 뜻을 굽히지 않고 대인의 역할을 수행했다. 이러한 문왕과 주왕의 관계가 '연못과 냇물'로 비유되었다고 본다.

한편 성경의 구성은 창조·타락·회개·구원·완성으로 되어있다. 인간은 누구나 태어나 성장하면 타락하고, 그 후 회개하여 하느님으로부터 용서받고 구원됨으로써 하느님 나라가 완성된다는 구조이다. 이는 인간의 죄악과 하느님의 구원으로 요약된다. 여기서 구원이란 하느님이 죄악에 물들어 있는 인간을 회개시켜 영원한 생명을 얻게 해주는 일이다. 그 과정에서 하느님은 구원에 관한 기준 등을 정할 수 있다. 곧 구원 대상자 선정에서부터 그가 수행해야하는 사명 부여와 평가 등에 직간접으로 관여할 수 있다. 성경은 하느님이 의인을 고르고 사명을 부여한 내용을 전하고 있다. 노아·아브라함·야곱·요셉·다윗·예수 등이 그들이다. 그때마다 하느님은 이들에게 공통적으로 혹독한 시련과 어려움을 겪게 했고 극복이후 은총을 부여했다. 성경에 의하면 고난과 은총은 동전의 앞뒤를 이루고 있다. '고난이 은총이다'라는 등식이 성립된다,

이렇게 주역 곤괘 괘사와 성경 내용을 비교한 결과 괘사에서 '어려움을 대인이 형통하고 올바르게 될 수 있음'으로 풀이한 내용과 성경에서 '고난이 은총이다'라는 생각은 서로 통하는 보편성이 있다고 하겠다. 그리고 곤괘 괘상에 나타난 '연못과 냇물'은 성경에서 '예수와 유대교도'와의 관계로 비교할 수 있다.

이제 각 효사에 대한 풀이를 보자. 효사 초륙(初六)은 "엉덩이가 나무 등걸에 앉아있는 어려움이다. 깊은 계곡에 들어가서 3년이 지나도록 보지 못한다."라고 했다.

여기서 '엉덩이와 나무 등걸과의 관계'는 시대적으로 잘못된 만남에서 오는 어려움이라고 본다. 예컨대 대인 문왕이 은나라의 타락한 주왕과 운명적 만남에서 겪어야했던 어려움을 말한다. 문왕은 주왕에 의해 감옥에 들어가 있어야 했으므로 그 기간 동안은 타인과 접촉 등을 할 수 없었다. 이는 새로운 시대를 열고자하는 혁명적 세력이 구태에 젖은 세력에 의해 억눌려있거나 대립된 상황을 묘사한 것이기도 하다. 또한, 이 관계는 '처와 첩 또는 첩과 첩 사이의 어려움'으로도 비유될 수 있다. 초효가 변화하면 감(坎)이 태(兌)로

바뀌고, 태(兌)에서 첩(妾)이 나오기 때문이다.

이는 예수의 초기 생애를 묘사한 내용과 통하는 점이 있다. 예수는 하느님의 아들로서 죄에 물들어 있는 이 세상 사람을 구원하기 위해 성령의 작용으로 마리아라는 처녀의 몸에 잉태되어 사람으로 태어나 이 세상에 온 존재였다. 그 예수는 이 세상에서 태어난 순간 여러 견제세력 때문에 '마구간의 구유 안에 누워'있어야 했다. 이어서 바로 그는 유대의 왕 헤롯에 의한 살해 위험을 벗어나기 위해 이집트로 피신하여 수년 동안 있어야했다.

이들 어려움은 예수 출생 이후뿐 만아니라 잉태 이전으로 소급해 그의 부모들에게도 주어졌던 고난의 연속됨 속에서 이루어졌다. 당시 이스라엘민족의 율법은 간음한 여자를 돌로 쳐 죽이도록 규정되어있었다. 예수의 어머니 마리아는 약혼한 상태에서 하느님의 뜻에 따라 성령의 작용으로 성행위 없이 예수를 잉태해야 했다. 처녀가 외간 남자와 간음하여 임신한 꼴이 됨에도 불구하고 마리아는 하느님의 뜻을 받아들였다. 또한 약혼자 요셉은 마리아의 임신 사실을 알고 분노와 실망했으나 그녀를 처벌케 하는 대신 파혼으로 끝내려 했다. 그렇지만 그는 꿈에 하느님의 계시를 받아 파혼을 포기했고, 결혼해 예수를 자신의 아들로 받아들였다. 이어서 그들은 예수를 살리기 위해 이국땅으로 피신해 수 년 동안 숨어 살았다.

이처럼 예수와 그의 부모가 겪은 고난은 하느님이 부여한 운명적 사명을 수행하는 시작단계의 어려움으로서 그 상황들이 계속되었다. 주역 곤괘 초효에서 말한 '엉덩이가 나무 등걸에 앉아있는' 어려운 상항은 성경의 '구유 안에 누운 예수'의 어려움과 공통점이 있다.

구이(九二)의 효사는 "어려움이 술과 음식에 있지만 임금의 부름이 올 것이니 제사를 지냄이 이롭다. 만약 떠나가면 흉하여 허물할 데가 없다."라고 말하고 있다.

이 내용은 '배고픔 가운데 뜻을 지키는 어려움'을 의미한다. 술과 음식에 따른 어려움은 과음과식에서 발생할 수도 있지만 이곳에서는 적합하지 않다. 바로 주불(朱紱)이라는 임금으로부터 부름이 있기 때문이다. 과음과식으로 정신 차리지 못하고 있는 사람을 임금이 등용시킬 리 없다. 대인은 아무리 굶주린다 해도 지조를 잃지 않고 임금을 섬기고 충성하길 제사지내듯이 해야 이롭다. 만약 그가 굶주림 때문에 변절을 하면 흉하여 타인의 잘못을 지적할 수 없게 된다는 풀이가 적합하다.

한편 예수는 비록 성령의 작용에 의해 잉태되어 태어 났지만 하느님의 아들로서 공적인 사명을 수행하기 전에는 아직 인간 예수에 지나지 않았다. 그가 성장하여 공생애(公生涯)를 시작하기 위해 요르단 강에서 물로 세례를 받았다. 그러자 하늘에서 성령이 내려와 그를 악마의 시험에 들게 했다. 그는 광야로 나아가 40일 동안 밤낮으로 단식하며 수련을 하느라 허기와 피로에 지쳐있었다.

그 때 악마가 나타나 "당신이 하느님의 아들이라면 이 돌들에게 빵이 되라고 해보시오."라고 했으며, 이어서 악마는 세상의 모든 나라와 그 영광을 보여주며 "당신이 땅에 엎드려 나에게 경배하면 저 모든 것을 당신에게 주겠소."라면서 유혹했다.

그러자 예수는 "사람은 빵만으로는 살지 않고 하느님의 입에서 나오는 모든 말씀으로 산다.", "주 너의 하느님을 경배하고 그분만을 섬겨라."라고 야단쳤다. 결국 악마는 물러갔고, 천사들이 다가와 예수를 섬기기 시작했다.

이외에도 성경은 이스라엘민족이 이집트를 탈출하여 광야에서 40년 생활하는 동안 양식이 없어 메추라기 등을 먹어야했으며, 그 어려움을 극복해 결국 가나안 땅에 들어간 내용 등 굶주림을 겪으면서 사명을 완수한 여러 이야기들을 전하고 있다. 이렇게 구이에서 말한 '술과 음식에 따른 어려운' 상황은 성경의 '40일 단식한 예수' 등의 어려움으로 비교될 수 있다.

육삼(六三)의 효사는 "돌에 어렵고 가시나무에 거처한다. 그 집에 들어가도 그 아내를 보지 못하니 흉하다."라고 말하고 있다. 이 내용은 '어리석은 자의 선택에서 오는 어려움'이다. 지금 육삼 효는 머리 위에 무거운 돌이 놓여있고, 발 아래에 가시나무가 깔려있어 서지도 앉지도 못하는 상황이다. 이 상황에서는 집에 들어가더라도 자기의 아내를 만날 수 없게 된다. 이 진퇴양난의 어려움은 대인에 해당하기보다는 육삼이라는 그 주변에 있는 소인배의 지나친 욕심과 어리석음 때문이다. 그 근거는 육삼의 위치와 효가 바르지 못하기 때문이다. 즉 양(陽)의 자리에 음(陰)이 들어서 있기에 생긴 일이다. 그는 자신의 어리석음과 과욕으로 어려움을 일으켰으므로 화를 면할 수 없게 되었다.

이와 유사하게 예수는 공생애 기간 중 하늘나라와 영원한 생명에 관한 내용을 알리기 위해 노력했다. 그 일환으로 그는 많은 기적 행위를 일으킴과 더불어 기존 율법에 어긋나는 언행을 자주했다. 그 결과 유대교도들이 예수를 신성모독 등의 죄목을 씌워 죽이기로 했다. 예수는 그들에 의해 죽임을 당하러 갈 때 '머리에 가시나무로 엮은 관'을 쓰고, '등에는 무거운 십자나무를 지고' 걸어갔다. 그 순간 예수의 모습은 '곤(困)'안에 있는 '목(木)'의 형상이었다. 이 십자나무를 지고 가는 길이 예수에게는 고난을 죽음으로 극복하여 하느님께 가는 영광의 길이었다.

그러나 그 길의 이면에서 나락으로 떨어져 비참하게 죽어야했던 한 사람이 또 있었다. 그는 바로 예수의 제자 유다였다. 그는 예수를 유대교도들에게 돈을 받고 팔아넘겼다. 유다는 그들에게 예수에 관한 정보를 제공했고, 예수를 체포하는 순간에도 그들을 도와주었다. 그는 예수가 체포되고 나자 자신의 행위가 잘못되었음을 깨달았다. 자신은 이제 유대교도 쪽으로도 갈 수 없는 처지가 되었다. 예수는 이러한 상황이 올 것을 미리 알고 "너는 차라리 태어나지 않았더라면 자신에게 좋았을 것이다."라고 그의 흉함을 지적했다. 유다는 스스로 어리석게 선택한 '돌에 어렵고 가시나무에 거처하는' 상황에서 받은 돈마저 던져버린 채 자살하는 수밖에 없었다.

이렇게 육삼에서 말한 '돌에 어렵고 가시나무에 거처하는' 어려운 상항은 성경의 '가시관을 머리에 쓰고 십자나무를 등에 진 예수'의 모습과 그 상황을 이끈 배신자 유다의 어려움으로 비교할 수 있다.

구사(九四)의 효사는 "오는 것이 느리고 또 느린 것은 금거(金車)에 어려움이니 인색하지만 마침이 있을 것이다."라고 했다.

이 효사에서의 어려움은 '오는 것이 늦음'에 있다. 그러면 이 효사와 관련하여 오는 것이 누구이며 그 내용은 무엇인지 중요하다. 두 측면에서 살필 수 있다.

우선 효사의 문자에 따르면, 구사는 자신에게 초효(初爻)

가 오려고 해도 중간에서 '서서히 움직이는 구이(九二) 쇠 마차가 가로막고' 있어 답답하다. 인색하지만 그 끝마침은 올바르게 된다는 풀이가 된다. 하지만 이 해석에는 다음과 같은 문제점들이 있다고 본다.

첫째, 이 견해는 초효와 구이와 구사 이들 세 효 사이에 나타난 상으로 보았을 때 일견 타당해 보이고, 실제 역대 많은 주역학자들이 이 해석에 동조했다. 그러나 이는 효사의 정의(definition)에 맞지 않는다고 본다. 효사의 정의는 해당 효 곧 자신에 관한 이야기를 언급한 말이어야 한다. 그런데 '느리게 오는' 주체를 초효로 하는 경우 이는 구사가 아닌 초효의 효사가 되는 셈이다. 둘째, 금거를 구이로 보는데 따른 문제이다. 이미 구이는 자신의 효사에서 '허물이 없는 존재'라고 했는데 다시 구사 효사에 의해 금거가 되어 '느리고 느려터진 쇠 마차'라는 장해물로 전락하게 된다. 이에 주자는 곤괘 구사의 「본의」에서 "금거(金車)가 구이의 상이 된다는 것은 상세하지 않다."라고 하면서 금거가 구이를 가리킨다는 말에 동의하지 않았다.

다음으로 문자에 숨어있는 뜻을 찾아 '오는 것이 느리다(來徐徐)'의 '래(來)'는 '맥(麥)'에서 온 것으로서 보리라고 풀이하는 방법이다. 보리는 고개를 숙이지 않고 항상 하늘을 향해 있는 곡물로서 하늘에서 온 물체로 상징된다. 하늘에서 온 것이라면 천명·도·깨달음 등으로 표시될 수 있다. 그리고 금거는 쇠 마차보다는 금덩이를 실은 마차 즉 재물 또는 돈으로 볼 수 있다. 이에 따르면 "구사가 천명에 대한 깨달음이 느린 것은 돈에 대한 욕심 때문이다. 인색하지만 그 끝마침은 올바르게 된다."라는 풀이가 된다.

여기서 구사는 대인 또는 왕이라기보다는 제자 또는 신하를 뜻한다. 이 방법을 취했을 때 구사 소상전에서 말한 "깨달음이 느린 것은 뜻이 하찮은 재물에 있기 때문이다."에도 부합된다고 본다. 이상의 내용들을 고려할 때 후자의 풀이가 좋다고 여긴다.

한편 예수는 스스로 하늘나라에 대한 내용을 전파함과 아울러 제자들에게도 교육을 시키고 사명을 주었다. 그는 자신을 따르려고 하는 사람들에게 "누구든지 내 뒤를 따라오려면 자신을 버리고 날마다 제 십자가를 지고 나를 따라야 한다."했으며, 또한 "가서 가진 것을 팔아 가난한 이들에게 주어라. 네가 하늘에서 보물을 차지하게 될 것이다."라면서 재물을 멀리하도록 강조했다.

그러나 제자들의 깨달음과 역할은 기대에 미치지 못했다. 예수는 그 점을 안타까워했다. 제자들 중 유다는 앞에서 언급하였듯이 돈을 받고, 스승 예수를 팔아넘겼다. 그 가장 큰 이유는 예수가 구원자(Messiah)라는 사실을 알지 못한 데 있었다. 그가 믿음이 약하고 돈에 눈이 어두워 깨달음이 없었기 때문이다. 다른 제자들도 믿음이 약해 깨달음이 늦었다.

이렇게 구사에서 말한 '오는 것이 느리고 금거에 어려운' 상황은 성경의 '깨달음이 없어 돈 받고 스승을 팔아넘긴 제자'의 어려움으로 비교할 수 있다.

구오(九五)의 효사는 "코를 베이고 발꿈치를 베임이니 적불(赤紱)에 어려우나 마침내 서서히 기쁨이 있을 것이므로 제사를 지냄이 이롭다."라고 했다. 이 효사에서 강조하는 내용은 '경천동지(驚天動地)하는 국가적 차원의 어려움'이다. 어려움을 겪는 주체는 국가를 대표하는 왕 자신이다. 왕이 코와 발꿈치 베임을 당하는 때의 어려움이다. 여기서 해석상 중심을 이루는 단어는 '적불'이다. 이를 '신하의 무릎가리개'로 보는 경우 '도와주는 신하가 없음에 따른 어려움'으로 풀이하게 된다. 그러나 '적(赤)'을 '텅 빈' 또는 '쓸모없음'으로 보는 경우 '쓸모없어진 왕의 무릎 가리개'가 되어 그 자체가 국가의 어려움을 상징하는 물건이 된다. 이는 어려움의 발생원인과 규모, 그리고 복구방법 등의 상황을 기준으로 판단하여야한다고 본다.

첫째, 어려움의 발생원인과 관련하여, 이 효사에서는 왕이 코와 발꿈치를 베인다고 하였을 뿐 그 원인에 대해서는 직접 언급하지 않았다. 그러나 구오 효가 변화하는 경우 태괘(兌卦)가 진괘(震卦)로 바뀌며 진(震)에서 우뢰와 지진이 나온다. 즉 천둥번개와 더불어 지진이 발생한 천재지변이 그

원인이 된다. 이에 의하여 임금이 상해를 입을 정도이면 국가적 재앙수준이다. 둘째, 복구방법과 관련하여 천재지변에 의해 왕이 수난을 당하는 그 순간은 국가의 총체적 난국으로서 신하들도 온전할 리가 없다. 설령 그들이 무사하다해도 그 난국은 '적불'을 무릎에 찬 그들 몇몇 신하에 의해 복구될 성질이 아니다. 자연인 하늘이 일으킨 일이므로 온 국민이 정성된 마음으로 단결 노력해야만 하는 경우이다.

셋째, 효사의 정의(定義) 측면에서도 효사에 나온 단어들은 해당 효의 내용과 관련시켜 풀이하는 것이 자연스럽다.

이상의 내용들을 감안하여 나는 '적불'을 '쓸모없어진 무릎가리개'로 풀이하고 싶다. 쓸모없어져 나뒹굴고 있는 왕의 무릎가리개는 왕과 국가가 당하고 있는 난국의 어려움을 상징한다. 그러한 가운데 온 국민이 합심하여 노력하면 마침내 서서히 기쁜 일이 생기게 될 것이니 그 때까지 제사를 모시는 마음으로 신명을 다해야 한다.

여기서 예수의 어려움은 이렇다. 그는 십자나무에 양손과 양발에 못이 박힌 채로 매달려 죽었다. 이어서 군인 한 명이 창으로 그의 배를 찔러 '붉은 피'와 물이 흘러나오게 했다. 또한 다른 군인들은 그를 십자나무에 매달기 전에 그의 옷을 벗겼다. 이때 그의 겉옷은 '적색'이었다고 전해진다. 그들은 주인이 없어진 그 옷을 네 부분으로 나누고, 속옷은 서로 차지하려고 제비뽑기하며 희롱했다. 그 '쓸모없어진 옷'은 당시 예수가 겪은 수모의 상징이 되었다. 예수는 온갖 희롱과 모욕 그리고 극심한 고통 속에 죽음을 맞이하면서도 의로움을 잃지 않았다. 그는 "다 이루어졌다!"라는 말을 마지막으로 십자나무 위에서 가시관을 쓴 채 숨을 거두었다. 그 순간 대낮임에도 어둠이 온 땅을 덮었고, 성전 휘장이 위에서 아래까지 두 갈래로 찢어 졌으며, 땅이 흔들리고 바위들이 갈라졌다. 이에 그 주변에 있던 모든 사람들이 지진에 놀라 몹시 두려워했다. 그 후 예수는 제자들의 도움 없이도 하느님의 뜻에 따라 3일 만에 부활했고, 40일 후에 승천하여 하늘의 왕좌에 앉는 영광을 얻었다.

이렇게 구오에서 말한 어려움은 주역과 성경 모두 경천동지하는 어려운 상황에서 발생했고, 그 어려움은 '코와 발꿈치 베임'과 '손발 못 박힘과 배를 창에 찔림'으로, 그 어려움의 상징은 주인을 잃은 '붉은 무릎가리개'와 '찢겨진 붉은 옷'라는 점에서 상징적으로 통하는 점이 있다.

상륙(上六)의 효사는 "어려움이 칡넝쿨과 위험함에 있으니 말하길 '움직이면 뉘우친다'하여 뉘우침이 있으면 가서 길하게 된다."라고 말하고 있다.

이 효사에서는 '과도기의 어려움'을 설명했다고 여긴다. 이는 칡넝쿨이 나무를 타고 올라가면서 졸라매고, 나무 꼭대기를 넘어서자 지탱할 것 없어 허공에서 흔들거리는 모습을 취한 것으로 보인다. 이들은 구오의 부재중에 생긴 일이다. 구오 왕이 코와 발꿈치 베임을 당해 힘을 잃자 국가 원로에 해당하는 사람들이 그 틈을 타서 왕의 자리를 넘보게되었다. 그러한 '움직임에는 뉘우치게 된다'라는 말이 있으므로 이에 따라 그들이 뉘우치면서 경계하면 길하게 됨을 강조했다. 그리고 사람들이 회개하고 어려움을 극복하는 데에는 하늘의 도움이 필요했다.

이와 유사하게 예수가 죽자 구심점을 잃은 제자 등은 두려움에 쌓여 전전긍긍하면서 숨어있어야 했다. 3일 후 그들은 부활한 예수를 다시 만나 격려를 받았지만 여전히 믿음은 약하고 불안했다. 베드로는 사명을 잊은 듯 다른 제자들과 밤에 고기 잡으러 나갔다가 예수한테 야단맞았다. 그러나 그들도 예수의 승천이후에는 성령의 강림으로 힘을 얻어 새로운 권능을 갖고 복음전파의 사명을 활발히 수행했다.

이에 당황한 유대교도들은 예수 제자들을 강력히 탄압했다. 그 중심에 서있던 사람이 사울, 즉 바오로였다. 그는 유대교의 교리로 무장한 실력자로서 예수 제자들을 '밧줄로 묶어 체포'하며 그들의 활동을 막는데 앞장섰다. 그러한 그가 예수 제자들을 체포하러가는 도중에 신비체험을 했다. 대낮에 벼락을 맞아 실명했고, 그 상태에서 예수의 말씀을 듣고 회개하여 그의 편으로 돌아섰다. 그 후 바오로는 그리스도교라는 새로운 종교를 만드는데 초석 역할을 했고, 복음전파를 위해 전 유럽을 순행하다가 로마에서 순교함으로써 의로운 삶을 마쳤다. 그의 이 같은 변화는 성령의 작용에 의해 이루어졌다. 이렇게 바오로가 베드로 일행을 '밧줄로 묶어 잡아가는 모습'은 '칡에 감긴 나무 모습'으로, 또 두 사람이 예수에 대한 믿음이 없어 흔들리는 모습은 '위험'하게 보였지만 그들은 '회개'한 후 사명을 충실히 수행했다.

이렇게 상륙에서 말한 '어려움이 칡넝쿨과 위험함에 있다'는 어려운 상황은 성경의 '밧줄에 묶여 끌려가는 제자들의 모습'으로 그 어려움을 비교할 수 있다.

역사와 문화적 배경과 관점이 서로 다른 주역과 성경을 비교한 것이 학술적으로 무리한 일이기는 하나, 나는 이 시대를 살아가는 현대 한국인으로서 두 경서의 가르침을 무시할 수 없고 또 내 수준에서 내 삶의 일부로 받아들이는 입장에서 풀이해 보았다. 그 관점에서 크게 세 가지 언급할 사항이 있다. 하나는 주역을 성경 내용으로 풀이한 결과이다.

우선 전체적인 측면에서 곤괘 괘사와 각 효사가 성경의 사건으로 재구성할 수 있었다. 두 경서에서 어려움의 범위와 극복자세 등이 유사했다. 성경 내용이 주역의 풀이에 가세됨으로써 괘사 및 각 효사의 의미가 나름대로 분명해진 느낌도 든다. 물론 주역 측에서는 64괘 중 곤괘 하나 만을 대상으로 삼았고, 성경 측에서는 모든 내용을 동원하여 풀이했으며, 또한 내가 주역 경문을 자의적으로 해석함으로써 성경 내용에 쉽게 접근하였다고 할 수도 있다. 하지만 주된 이유는 함축적·비유적인 주역 경문에 성경 내용이 스스럼 없게 다가왔기 때문이다. 그것은 주역과 성경은 여러 측면 에서 동서양을 대표하는 경서들 중의 하나로서 그것들에 담 겨있는 많은 내용들이 이미 자연스럽게 상호 통하고 있었기 때문이라고 생각한다.

사실 경서를 비롯한 학문과 이론 등의 가치는 그것이 담 고 있는 내용의 통용성과 불변성에 있다고 본다. 그 내용들 이 사전 또는 사후에 입증될 수 있어야 한다는 말이다. 오 늘날 종교와 철학이 빛을 잃어가는 원인 중의 하나는 곧장 입증을 중시하고 있는 과학의 눈부신 발전 앞에 무력해졌 기 때문이다. 그러한 점에서 주역이 오늘날까지 수천 년 동 안 계승·발전되어 온 힘은 상(象)과 수(數)가 바탕을 이룬데 있었다고 본다. 그 상과 수를 통하여 입증이 가능했기 때문 이다. 예컨대 곤괘에서 그 상은 '연못에 물이 없는 모습'이 라고 했다. 이 모습은 괘사와 각 효사의 내용에도 스며있어 입증이 가능했다. 그러나 여기서 그 부분에 대한 언급은 생 략했다. 그 모습과 내용이 성경의 내용과 대부분 통했다는 사실로 그 입증에 대한 언급을 대체하고 싶었기 때문이다.

구체적 측면에서도 두 경서 사이에 매우 흡사한 내용들이 많았다. 먼저 괘사 차원에서 '어려움'이 '물'로써 표상되었다. 주역은 곤괘의 어려움을 연못에 물이 없는 상태, 즉 '택무수(澤无水)'라고 했다. 성경에서는 예수가 십자나무에 매달려있는 극심한 고통의 상태에서 숨 거두기 전에 한 마지막 말 '목마르다!'로서 어려움을 나타냈다. 또 각 효사 차원에서 초육은 주역의 '처녀가 첩으로'와 성경의 '처녀가 잉태하여'를 비롯하여, '나무 등걸 위에 앉음'과 '구유 안에 누움'으로, 구이는 '굶주림'과 '40일 단식'으로, 육삼은 '돌에 눌리고 가시 위에 앉음'과 '머리에 가시나무를 쓰고 등에 십자나무를 짐'으로, 구사는 '돈 때문에 깨달음 늦음'과 '돈 받고 스승을 팔아넘김'으로, 구오는 '경천동지'한 상황에서 '코와 발뒤꿈치 베임'과 '손발에 못 박힘과 배를 창에 찔림'으로, 그리고 주인 잃은 '붉은 무릎가리개'와 '붉은 옷'으로, 상육은 '칙 넝쿨로 감김'과 '밧줄로 묶임', '회개', '하늘의 도움'에서 흡사했다.

다른 하나는 미래 예측하는 점과 관련한 내용이다. 주역은 점서이다. 그 때문에 곤괘 괘사와 각 효사는 미래에 발생할 일에 대한 길흉화복을 예측했다. 그러나 사실 주역에서 점을 치게 한 의도는 사람들이 미래를 예측하여 그 결과를 단순히 받아들이도록 하는 게 아니라, 각자 스스로 노력에 의해 피흉추길(避凶趨吉)하도록 하는 데 있다고 본다. 한편 성경은 인간이 자신의 미래 발생할 일들을 예측하도록 하지 않았다. 다만 하느님을 향해 가는 길만 언급했다. 사람이 현세에서 하느님과 이웃을 사랑하며 살면 내세에서 영원한 생명을 얻는 은총을 입게 됨을 강조했다. 성경은 수 십 권의 구성되어있고 그 내용과 형식 그리고 작성된 연대가 각각 다르지만 그 내면에 흐르는 근원적인 내용은 내세를 위하여 현세에서 사랑하며 살아가는 것이다. 자세히 보면 두 경서는 인간이 미래를 예측하는 일에 힘쓰는 것보다 우선 현세에서 인간답게 살아가야함을 강조한 부분에서 공통점이 있다. 곧 성경에서 하느님 말씀을 따르도록 하는 것과 주역에서 천리에 순응하라는 논리는 어딘지 모르게 닮아 있다. 비록 주역에서 인격신을 말하지 않아도 그 신이 의도하는 가치를 이미 구현하고 있다. 하느님과 이웃을 사랑하라는 것과 천리나 인의예지를 실현·실천하는 일이 형식적으로는 별반 다르지 않기 때문이다.

또 다른 하나는 진리가 상호 소통하는 점을 확대할 수 있다는 점이다. 곤괘 풀이를 통하여 주역과 성경의 내용이 상호 통하고, 점의 측면에서도 그 본질이 '인간 삶의 어려움'과 '인간다운 삶 영위'라는 관점에서 통할 수 있었다고 생각한다. 이는 진리의 보편성에 의한 것이라고 본다. 진리는 언제 어디서나 진리이기 때문이다. 또한 한 주제 내에서 어느 부분이 진리라면 나머지 부분도 마찬가지일 것이다. 그렇다면 주역과 성경이 각각 담고 있는 진리가 서로 통함은 곤괘를 벗어나 전체내용에서 가능할 수 있다고 본다. 설령 그 통함이 부분적으로 이루어진다 해도, 그 부분을 연결고리로 삼아 양자가 지닌 진리의 깊이와 넓이를 더 소통할 수 있다고 본다. 북한산과 도봉산은 서울을 대표하는 크고 아름다운 산이다. 그 아름다움은 각각의 산속에 들어가서 보는 방법 이외도 상대편 산에 올라 서로 마주보았을 때 더욱 커질 수도 있지 않겠는가?

지구종말론과 소강절의 원회운세

조희영

2019년 새해 벽두부터 지구 종말론이 터져 나온 적이 있었다. 한 예를 보면, 2019년 12월 21일부터 지구 화산활동이 활발해지면서 지진과 해일 등 자연재해가 일어나고 12월 28일부터 대재앙이 본격적으로 시작되면서 인류의 종말이 온다는 것이다. 이것은 데이비드 몽테뉴(David Montaigne)가 2013년에 『마지막 시간 2019, 마야 달력의 끝과 심판의 날까지 카운트다운』이라는 책에서 쓴 내용으로, 20~30만년 주기로 일어나는 태양의 자기장 역전 현상으로 참혹한 자연재해가 발생한다는 것이다.

인간에게 죽음이란 피할 수 없는 숙명이며 두려움의 대상이다. 그래서 사람들은 자연스러운 죽음을 맞이하기를 원한다. 그런데 지구 종말론은 살아 있는 모든 존재의 멸망이며 엄청난 재앙을 예고하는 것이기에 그 공포감의 무게는 클 수밖에 없다. 종교 교리에 나타난 종말론이나 유명한 노스트라다무스의 예언, 지구의 마지막 날짜로 끝난 마야인의 달력이나 화성 충돌설 등 수많은 인류 종말에 대한 설들이 사람들의 호기심을 자극해왔고, 실제로 이를 신봉하는 사람들이 생겨나고 종교적으로 악용되어 집단자살 등 비극적 결말을 가져오기도 했다.

그런데 이러한 종말론 속에 난데없이 주역이 등장하여 떠돌아다니고 있었다. 미래 예측이 주역의 일부 영역이기는 하지만 인류 멸망에 대해 논하지 않기 때문에 당혹스러웠다. 발원처를 찾아보니 미국의 심리학자이자 신비주의자인 테렌스 매케나(Terence McKenna)가 주역의 64괘 변화에서 '부분이 반복되면서 전체를 이루는 프랙탈 패턴'을 발견하고 이를 역사적 시간에 대입하여 타임웨이브그래프를 그렸다는 것이다. 그 결과 그래프의 상승기와 하강기 곡선을 따라 4천 년 인류사의 흥망성쇠가 일치한다는 사실을 알게 되었고, 그래프의 어느 한 시점이 '0'이 된다는 것도 발견했다. 테렌스는 이 시점을 지구의 종말로 추정하고 마야 달력의 마지막 날짜인 2012년 12월 21일을 여기에 연결시켰다. 그러나 이날 지구가 건재함으로써 그의 주장은 낭설이 되었지만, 주역에 마야 달력까지 엮어 넣은 그의 종말론은 세인의 관심을 끌기에 충분했다.

주역의 역수(易數)를 가지고 천지의 생멸 주기를 주장한

학자가 있다. 바로 중국 송나라 때 상수역학자로서 역학에 선천역(先天易)을 개창하고 역리 해석에 수학을 접목시킨 소강절(邵康節, 1011~1077)이다. 그는 원회운세론(元會運世論)에서 천지의 생애 주기를 129,600년으로 계산했으며, 이를 바탕으로 요임금 이후의 시간을 중국 역사에 대입했다. 그는 역리(易理)를 제출할 때 자신의 이론을 수(數)로써 입증하려 했다. '천하의 수는 이치에서 나온다.'라고 하여, 세상만사 모든 이치[理]의 근저에는 수가 있고 따라서 이치는 수로 증명할 수 있다고 보았다. 이러한 소강절의 수사상(數思想)은 고대 그리스의 수철학자인 피타고라스가 '만물은 수로써 구성되었다'라는 철학적 사고를 바탕으로 피타고라스의 정리를 발견한 것에 비견할 수 있다. 피타고라스의 사상이 서양 수학과 과학의 출발점이 되고 아인슈타인을 비롯한 지금까지 수많은 학자들에게 영감을 주고 있는 것처럼, 소강절 이론은 중국과 조선의 수학과 음운학, 역사학과 천문학, 문학과 음악 등에 영향을 미쳤으며 특히 훈민정음 창제에도 큰 영향을 미쳤다.

그러면 소강절의 원회운세론의 원리는 어떠한가? 그는 먼저 역리의 이면을 수리(數理)의 틀로 짠다. 태극은 '1'이라는 근본 수에서 시작하여 음양의 '2'로 나뉘고, '2'가 '4'[四象], '4'에서 '8'로 분화하듯 만물은 2배수로 생성된다는 '만물생성론'을 상정한다. 또 만물을 종류별로 4가지[四

府法]로 나누는데, 예를 들면 하늘은 해·달·별·별무리[日月星辰], 땅은 물·불·흙·돌[水火土石], 계절은 춘하추동, 사람의 얼굴은 이목구비, 시간의 역사는 원회운세(元會運世) 등으로 분류하는 것이다.

소강절은 원회운세를 셈할 때 사람이 살면서 측정할 수 있는 시간의 길이를 먼저 생각했다. 과거에는 12지지로 하루의 시간을 측정했으며 1일을 12시로 정했다. 1달은 30일이며, 1년은 12달, 360일이다. 날짜 계산에는 10간 12지와 60갑자가 동원되었고 각각에 주역의 괘효(卦爻)가 주어졌다. 여기서 공통되는 수는 12와 30으로, 이는 역수(曆數)이자 역수(易數)로서 시간 측정의 기본 단위가 된다. 이를 토대로 1세대를 뜻하는 '세'는 30년, 다음 단위인 '운'은 세[30]에 12를 곱하여 360년, '회'는 운[360]에 30을 곱하여 10,800년, '원'은 회[10,800]에 12를 곱하여 129,600년을 산출한다.

그렇다면 인류의 시작과 종말은 어떤 시간대일까? 그는 가상의 천지 탄생 시점 즉 '일원―元의 시작은, 원[日甲]―회[月子]―운[星甲]―세[辰子]'라 했다. 원회운세 각각에 일월성신을 하나씩 배치하고, 10간과 12지를 하나씩 번갈아 배분한 것이다.

그는 먼저 '하늘은 자에 열린다[天開於子]'라 한다. 원회운세, 일월성신으로 말하면 '회[月子1]―운[星甲30]―세[辰子360]―년10,800'이며, 1~10,800년이 된다. 그 다음 '땅은 축에 열린다[地闢於丑]'라 하여, '회[月丑2]－운[星甲60]－세[辰子720]－년21,600'이며 10,800년~21,600년이 된다. 그 다음 '사람은 인에 생겨난다[人生於寅]'라 한다. '회[月寅3]－운[星90]－세[辰1080]－년32,400'이다. 이 사이에 사물이 열리는 '개물(開物)'의 때를 특정하여 '개물성지기(開物星之己)76'이라 하며, 360×76=27,360년이 된다. 즉, 천지가 생기고 27,360년이 흐른 후 사람과 사물이 생겼다는 것이다.

그 이후 몇 만 년을 건너뛰고 중국 역사 요임금 때부터 연표가 시작된다. 그 시기는 원[日甲]－회[月巳6]－운[星癸, 179~180運]－세[辰, 2155~2156世]이다. 계산하면 64,661년이다. 이 시기는 고조선의 건국과도 관련이 있으므로 우리에게 의미 있는 때이기도 하다.

소강절은 언제 천지가 종말을 고한다고 했을까? 그는 사물이 문을 닫는 '폐물(閉物)'의 시기에 대해 '회[月戌11]－운[星之戌315]'라 한다. 계산하면 360년×315운=113,400년이다. 처음 시작 후 이 기간이 지나면 만물이 닫히며, 그 뒤 '회[月亥12]－운[星360]－세[辰4,320]－년129,600'에 천지의 시간이 끝난다고 했다.

그럼 지금 현재는 이 연표에서 어디쯤일까? 2019년은 원[日甲]－회[月吾7]－운[星乙192]－세[辰酉2302]로서, 2302세×30년=69,060년이다. 지구가 생기고 69,060년 지났다는 말이다. 폐물까지 남은 시간은 113,400-69,060=44,340년이

고, 천지의 마지막 시간까지는 129,600-69,060=60,540년
이 남았다. 그렇다면 지금부터 44,340년 후에 사물이 닫히
고 60,540년 후에는 드디어 천지의 종말이 오는 걸까? 그러
나 그는 일원(一元)은 이원(二元), 삼원(三元) 등을 예비한 것
으로, 천지는 원의 단위인 129,600년을 주기로 반복된다고
한다. 이것은 순환사상의 수적 표현으로 영원한 우주의 시
간이라 할 수 있다.

소강절은 원회운세에서 주역 64괘 384효가 반복하여 돌
아가듯 천지는 끝없이 순환함을 말하고자 하였다. 반면에
테렌스는 주역의 무궁무진한 변화율을 지구 종말과 연결시
키면서 순환의 고리를 끊어버렸고 그의 주장은 오류를 범
하고 말았다. 2012년 지구 종말론으로 기승을 부렸던 마야
달력도 학자들이 또 다른 달력을 발견함으로써 잘못된 것
으로 판명되었으며, 데이비드의 2019년 종말설도 2012년
을 몇 년 더 연장한 것에 지나지 않는 해프닝으로 끝날 것이
다. 사람들의 불안감과 공포심에 편승하여 유사과학과 신비
주의, 혹세무민이 판치는 지구 종말론에 대해 소강절의 원
회운세론은 세상의 마지막 시간이 또 다른 시작임을 알리
는 희망의 메시지를 선사한다. 추상적 명제인 만물의 이치
를 수라는 실제적 기호로써 풀어내고, 더 나아가 수로써 천
지자연의 영원한 생명력을 셈하는 그의 철학적 직관과 수

학적 상상력에 대해 천년이 지난 지금에도 경의를 표하지
않을 수 없다.

중국은 어떤 나라인가?

김주창

'청화대(清華大)로구나!'

2019년 10월 18일, 청화대가 우연히 나에게 다가왔다! 반 갑다. 오랜만이다. 젊은 박사가 나를 학교 호텔 근춘원으로 안내한다. 가을이지만 녹음은 여전했고 캠퍼스는 활기가 넘 쳤다. 과거의 인물은 오간 데 없고 새로운 친구들이 주인 행 세를 한다. 세월이 흘렀다.

장대년(張岱年, 1909~2004) 탄신 110주년 기념 학술 대회 라서 그런지 오랜 지인들이 많다. 진래·장립문·곽제용· 곽이·경해봉·왕동·장광보·유소감·왕걸·송지명 등 중국 학계를 주름잡은 걸물들이 왔다. 불과 10년 전만 해도 장대 년 선생의 친구들이 주류이더니 지금은 그 제자들이 주류 로 바뀌었다. 나는 장대년 선생의 제자에 속하기 때문에 소 외되진 않았다.

10월 19일 내가 발표할 논문은 '장대년 겸화 철학의 화평론 구상'이다. 내가 외국인이어서 누구 눈치를 볼 것이 없기 때문에 담대하게 이렇게 시작했다.

"지금 중국에서 유행하는 신유학과 장대년의 현대 유학은 다르다. 민국 시대에 신유가 철학자들이 연구했던 철학은 생명을 근본으로 했거나 인간 본심을 근본으로 한 구시대 철학이지만, 장대년 철학은 물질을 근본으로 한 현대 유학이다. 중국에서 구시대와 신시대는 1919년 5.4운동으로 갈린다. 구시대는 생명이 주제였고 신시대는 물질이 주제이다. 왜 지식인들이 5.4운동을 일으켰겠는가? 서양에선 1915년에 아인슈타인이 일반 상대성 원리를 발표하며 하늘에서 비행기가 날 때 중국에선 손수레를 끌고 다녔으니 아직도 음양오행론에 빠져 있었기 때문이다. 지식인들은 그 과학이 하늘과 땅처럼 차이 난 것을 알고 그 분노로 모든 전통을 부정하고 때려 부순 것이다. 그들은 외쳤다. 도대체 유학은 변하지 않고 왜 아직도 그대로인가? 분노가 하늘을 찔렀다. 이것이 5.4운동의 본질이다. 그 주동자가 북경대의 진독수·이대조·장신부이다. 이들은 여기에서 힘을 얻어 중국 공산당을 창당한다. 이 세 사람은 나중에 모두 정치적으로 곤혹을 치루며 역사에서 사라진다. 그중 장신부는 청화대 철학과 교수로 근무하며 동생인 장대년을 조교로 끌어들이며 자신의 철학적 꿈을 동생에게 이식한다. 장신부·장대년은 과학적 근거가 미약한 철학은 빗자루로 쓸어버리고 철저히 과학적 근거가 있는 것만을 찾아서 새로운 철학을 세우려고 포부를 세웠다. 그 결과물이 장대년 철학이다.”

  이어서 나는 이렇게 말했다.
  “서로 다른 문화 사회 민족끼리 강하게 충돌하던 시대에 장대년은 겸화(兼和) 철학을 완성했다. 겸화사상은 그가 전통적인 화해정신 및 중용사상과 서양의 일반철학 그리고 마르크스 레닌주의 철학의 정수를 흡수하며 완성된 것이다. 장대년은 젊은 시절 집안의 맏형인 장신부가 러셀·공자·레닌의 사상을 종합하려는 뜻을 이어받아 분석 이상 유물이라는 가치로 철학 체계를 세우려는 계획을 세웠다. 그는 이 철학으로 국가 이념체계를 만들 꿈을 꾸었다. 마침내 그는 ‘공(工)’자 형태인 ‘삼극(三極) 형태의 철학체계’를 완성했다. 그가 세운 겸화 철학은 물질의 다양한 형태가 겹겹이 쌓아진 안정된 형태의 본체(겸체)에서 사회의 모순과 갈등을 극복해 통합하며 통일적으로 흐르는 건강하고 다양한 인식의 사유 체계를 통해 다양하고 종합적인 문화를 창조해 나가려 했다. 그래서 사회의 복잡한 계급·계층 간의 문제를 해결하고 또 수많은 종교와 철학 방면의 파벌 간 갈등을 해결하려고 하였다. 장대년은 전통적인 판단의 중심에 있던 중용사상이 혁신의 정신이 결여되어 있다고 하며 자신이 주장하는 겸화정신 곧 모든 사회의 모순과 갈등으로 대립된 것을 통합과 통일로 이끄는 겸화 사상으로 바꾸어야 한다고 말했다. 자신의 겸화정신에는 내면적으로 자강의 진취성과 후덕의 포용성이 자리하고 있다고 했다. 이 두 개의 정신적 기둥으로 가치 균형을 이루며 사회를 개방하고 세계를 포용해야 한다고 했다."

겸화의 개념은 1942년 천인오론에서 처음 나온다. 여기에서 우주의 물질에너지가 계속적으로 확장하며 흘러가는 가운데 세 가지 극점(極)이 존재한다고 했다. 여기에서 극이라고 하는 것은 최고의 상태를 말한다.

장대년은 "첫째, 이 우주에 존재하는 모든 것은 물질로 형성되어 있다. 그 극점에 있는 것을 나는 '원극(元極)'이라고 말하겠다. 둘째, 이 우주에 있는 모든 것은 규칙에 따라 운동한다. 그 극점에 있는 것을 나는 '이극(理極)'이라고 말하겠다. 셋째, 이 우주에 모든 것은 가치에 따라 평형을 갖춰 간다. 그 극점을 나는 '지극(至極)'이라고 말하겠다."라고 말했다. 그는 또 "우주의 모든 것에 에너지가 흐른다고 하는 것은 중국 철학에서 전통적으로 내려온 우주관이다. 그래서 우주는 무궁무진하여 시작도 끝도 없어서 낳고 또 낳으며 쉬지 않으니 나날이 새로운 것이 끝도 없이 영원히 바뀌고 있는 거대한 물결처럼 흐르고 있다. 그래서 사람도 만물도 이 거대한 물결에 휩싸여 떠밀려 흘러가고 있는 중이다."라고 말했다.

이렇듯 그는 우주에는 거대한 에너지가 흐르고 있다고 했다. 이것은 현대 우주물리학으로 보면 맞다. 그러나 요즘 우주물리학의 연구 성과로 보면 우주에너지는 무한하지 않으며 또 처음과 끝이 없다고 하는 것도 맞지 않다. 그러나 아직은 우주의 물질이 끝이 없이 흐르고 있는 것은 사실이다. 인간도 우주도 만물도 함께 떠밀려 흘러가고 있는 중이다. 이것은 현대 우주물리학에서 찾아낸 사실이다. 나는 그가 주장한 삼극에 대한 개념을 이렇게 설명하였다.

"첫째, 원극자(元極者)는 가장 근본적인 물질의 존재라고 말할 수 있다. 그래서 우주는 물질로 형성되어 있다는 것이다. 둘째, 이극자(理極者)는 가장 근본적인 원리라고 말할 수 있다. 곧 가장 보편적인 규율이 된다. 그렇기 때문에 만물은 대립하면서 통일을 향해 가는 존재가 된다. 셋째, 지극자(至極者)는 최고의 가치 준칙이라고 말할 수 있다. 따라서 만물은 가치 준칙에 따라서 존재한다. 만물과 사람은 가치가 평형 상태가 될 때 비로소 적용을 시작한다."

계속해서 말했다.

"장대년은 최고의 가치준칙을 이렇게 표현했다. 여러 차이를 극복하며 서로 겹쳐 있을 때 평형 상태가 온다. 이런 상태를 간단하게 말하면 겸화라고 할 수 있다. 고대에는 이것을 화(和)라고 했고 또한 이것을 부유(富有)라거나 일신(日新)이라고 했는데 모두 하나로 관통하여 말한 것이다. 역전에 부유하다고 하는 것은 큰 업적을 이룬 것을 말하고, 일신이라고 하는 것은 성대한 덕을 말한 것이다. 그래서 오직 일신한 후에야 그 평형을 얻을 수 있고 또 일신한 후에야 그 부유를 얻을 수 있다고 했다."

종합적으로 보면 첫째, 우주는 물질로 형성되어 있다는 것과 둘째, 우주가 원리에 의해 움직이기 때문에 보편적 규율이 존재한다고 하는 것이다. 그 규율이 바로 변증법이라는 것이다. 셋째, 지극한 극점에 최고의 가치 준칙이 있다고 했다. 사람을 포함한 모든 만물은 가치의 준칙에 의해 존재한다고 했다. 이것은 곧 모든 만물이 가치의 균형에 따라서 변화한다는 것이다. 이것을 옛날에는 화(和)라고 했으며 이렇게 될 경우에 부유해지고 또 새로워지며 생성이 이루어진다고 한 것이다.

이 삼극의 체계를 도식화하면, 우주에 보편적으로 존재하는 것이 물질이기 때문에 하층부 저변에 '━'로 표시하고, 실재로 우주 자연에서 일어나고 있는 가치 준칙은 인간이 도달해야 할 고도의 목표가 되기 때문에 이것은 상층부의 고변에 '━'로 표시하며, 또 윗선의 가치 준칙과 아랫선의 물질 존재를 잇기도 하면서 우주를 규율적인 운동으로 주관하는 유물변증법의 규율이 위와 아래를 관통하는 'ç'로 표시를 하면 정확히 '공(工)' 자의 글자 자형이 나온다. 그래서 나는 그가 추구하던 노동자 농민들이 그렇게 원했던 인민대동사회의 철학이 완성되었다고 했다.

　학술적 근거는 없지만 한 학자가 무엇인가 추구해가다 보면 우연히 기하학적 구도를 생각하지 않을 수 없다. 과거 풍우란 선생의 고택에 가니 기하학적 조합과 변형을 놀이로 사고의 훈련을 하던 기구가 있었다. 나는 한 눈에 알아보고 그것을 기념으로 달라고 했다. 고택을 관리하던 풍우란 사위의 동생이 무엇을 알겠는가? 그는 뭣도 모르고 나에게 주었다. 나는 이것을 단국대 박물관에 기증하였다. 그 유물이 어디에 있던 잘 보관하여 후대들이 보고 알면 되는 것이 아닌가? 이 모든 것이 우연이다.

　억지인지 모르지만 그가 세운 철학은 '공(工)' 자 형이다. 이것은 공교롭게도 노동자 농민이 세상의 주인이 되어야 한다는 공산당 이념과 딱 들어맞는다고 했다. 더 공교롭게도 지금의 공과대학 중심인 청화대의 추구 가치와도 정확히 맞는다고 했다. 이 철학이 과거의 청화대에서 만들어졌고 또 지금 그의 학술대회가 이곳에서 열리고 있는 것은 우연이라고 했다. 그러나 내 눈으로 보면 이 대학 출신인 시진핑 주석이 하는 모든 정책이 장대년 선생이 말한 미래 설계도대로 하는 듯 보이는 것은 꼭 우연만은 아닌 듯하다. 과거에 유학자들도 학문과 수양을 건축가가 벽돌을 쌓듯이 하라고 한 말은 학자는 일종의 학술 노동자여야 한다는 말과 별로 다르지 않다. 내 스승이신 탕일개는 자신이 철학자가 아니고 단지 철학 공작자[工人]라고 했다. 노동자라고 하는 것과 공인(工人)이라고 하는 것은 꼭 겸손해서 하는 말이 아니고 인생 삶에서 가장 기본적인 행위자라는 뜻도 내포되어 있다. 노동을 하지 않고 어떻게 먹고 살 수 있단 말인가? 노동을 천시 여기는 자는 유가가 아니다. 과거에 소비 권력자들은 노동을 천시 여겼다. 그들은 학자가 아니다.

　장대년은 23세에 청화대 조교로 들어가 그의 맏형 장신부의 지도로 '학술 입국'하겠다는 일념으로 극단의 고통을 감내하며 40세에 겸화 철학을 완성한다. 그 후 신중국이 건국되자 1951년 대학 간 조정으로 청화대 문과 계통이 통째로 북경대로 옮겨가면서 장대년도 북경대로 가게 된다. 이곳에서 95세 타계 전까지 온갖 정치적 박해 등 고난을 겪으면서도 이 겸화철학의 정신으로 견뎌낸다. 사회와 일상에서 오는 모순과 갈등을 극복하는데 막강한 위력을 보여주는 것이 바로 이 겸화철학이라는 것을 몸소 잘 증명해 보였다. 올해가 벌써 서거 14주년이고 탄생으로 따지면 110주년이 된다. 나는 이 노 철학자에게 배우고 또 따라 해보려고 하였으나 천성이 우둔하고 게을러서 세월이 가면 갈수록 더욱 멀어지는 느낌이 든다. 왜 일까? 나는 할 수 없다!

논문 발표를 마치자 젊은 여성학자가 다가왔다. 물어보니 북경대를 졸업하고 성균관대에서 최영진 교수 밑에서 박사학위 지도를 받았다고 한다. 지금은 북경대 정부 관리 대학의 최고교육과정 중심의 부주임으로 근무하는 림림(林琳) 교수였다. 성대에서 도원 류승국 선생의 강의도 들었다고 한다. 그는 류승국 선생이 중국의 장대년 선생과 같은 급의 석학이라고 했다. 그는 내가 발표할 때 사진도 찍어주는 등 친밀함을 표시했다. 그도 한국에서 받은 덕을 갚으려면 평생 갚아도 못 갚을 듯해 보였다.

장대년 학회가 끝나자 북경대에 방문학자로 온 대학 동기 이수정 교수가 찾아 왔다. 이 친구는 일본 유학을 하고 독일과 미국을 거쳐 끝으로 중국까지 섭렵하는 외우이다. 눈의 동공에 경색이 와 입원했을 정도로 학문에 집중한 친구이다. 그가 자전거를 타고 왔다. 그와 청화대를 둘러보며 지난 45년 간 지나간 학문의 여정을 되돌아보았다. 서로 이야기를 나누며 인문대학의 철학과로 발걸음을 옮겼다. 인문대학 건물 2층으로 올라가니 철학과 현판이 보인다. 여기까지 왔으니 기념사진이나 찍으려고 지나가는 사람을 불렀다. 그 사람은 정성스레 우리 두 사람의 우정을 찍어 주었다. 나중에 알고 보니 철학과 주임인 송계걸 교수였다.

20년 전 2000년도 내가 중국 낙양 대학에 교환 교수로 간다고 하자 우리 한중철학회 설립자 중의 한 분이신 수당 유명종 선생께서 가거들랑 중국의 마지막 대가인 장대년 선생을 꼭 찾아뵈라고 당부하셨다. 2000년 5월 북경대 역사학과 장경화 교수를 대동하고 장 선생을 찾았다. 북경대 동문 밖 중관촌에 있는 낡은 아파트에 사셨다. 아주 허름한 2~3칸짜리 집에서 책으로 둘러 싸여 걷기도 힘든 공간에서 그래도 방 한 칸을 차지하시고 연구를 하시는 90대 노(老)철학자 댁에 들어섰다. 내가 한국에서 젊고 팔팔한 학자인 줄 알고 반갑게 맞아 주셨다. 나중에 들으니 도원 류승국 선생께서 북경대 명강좌를 펼치실 때 가끔 장대년 선생 집에 오셔서 종일 필담을 하며 학문을 논하셨다고 했다. 서로 얼마나 흥미롭게 토론을 하셨는지 해가 지는 줄도 모르셨다고 하셨다. 나는 그 때 장대년 선생에 관해 아는 것이 별로 없어 선생의 사돈이 되시는 풍우란 선생의 철학만 이야기 하였다. 선생께서 나를 아직 설익은 철학도라고 평하셨을 것이다.

그 뒤 북경대에 역대 최고령의 나이로 입학한 후 장대년 선생을 찾아가 선생의 철학을 연구한다고 하니 노 철학자께서 얼굴이 환해지셨다. 아마도 내 생각에 드디어 내 철학이 한국에도 전해지겠구나 하고 생각하신 듯하다. 이런 이야기를 들으신 내 지도교수 김충렬 선생께서 한국에 들어오지 말라고 하셨다. 이런 저런 생각을 하면서 청화대를 나섰다. 주역 건괘의 자강불식과 곤괘의 후덕재물이라는 하늘과 땅의 정신을 담은 문구를 대학 교시로 하는 학교의 동쪽 문을 나와 원명원 전철역으로 걸었다. 장대년 110주년 기념 학술대회는 나에게 장 선생을 추억하는 좋은 시간이었다.

집필자 프로필(가나다 순)

김무영 수학·전산·철학융복합과정석사, 에피터스 컨설팅 부사장

김주창 철학박사, 단국대학교 교수, 衡水學院(招聘)

서정화 철학박사, 동방문화대학원대학교 동양학연구소 책임연구원

신창호 교육학박사, 고려대학교 교수

유영모 철학박사, 인천대학교 강사

윤용남 철학박사, 성신여자대학교 교수

이난숙 철학박사, 강원대학교 연구교수

이문주 철학박사, 성균관대학교 초빙교수

이승희 경제학석사, 전 한국은행 국장

이은선 철학박사, 세종대학교 명예교수, 한국 信연구소 대표

이종란 철학박사, 조선대학교 우리철학연구소 전임연구원, 작가

조희영 철학박사, 조선대학교 인문학연구원 전임연구원

주시영 철학박사, 전 한국은행 연수원장

최문형 철학박사, 성균관대학교 겸임교수, 작가

최인영 철학박사, 동방대학원대학교 초빙교수

황봉덕 문학박사, 시습학사 사무국장

주역, 삶에 미학을 입히다

초판 1쇄 인쇄 | 2019년 12월 13일
초판 1쇄 발행 | 2019년 12월 20일

편자 | 한중철학회
발행인 | 한정희
발행처 | 종이와나무
편집부 | 김지선 한명진 유지혜 박지현 한주연
마케팅부 | 전병관 하재일 유인순
신고 | 2015년 12월 21일 제406-2007-000158호
주소 | 경기도 파주시 회동길 445-1 경인빌딩 B동 4층
전화 | 031-955-9300   팩스 | 031-955-9310
홈페이지 | http://www.kyunginp.co.kr
이메일 | kyungin@kyunginp.co.kr

ISBN 979-11-88293-08-7 03150
값 15,000원